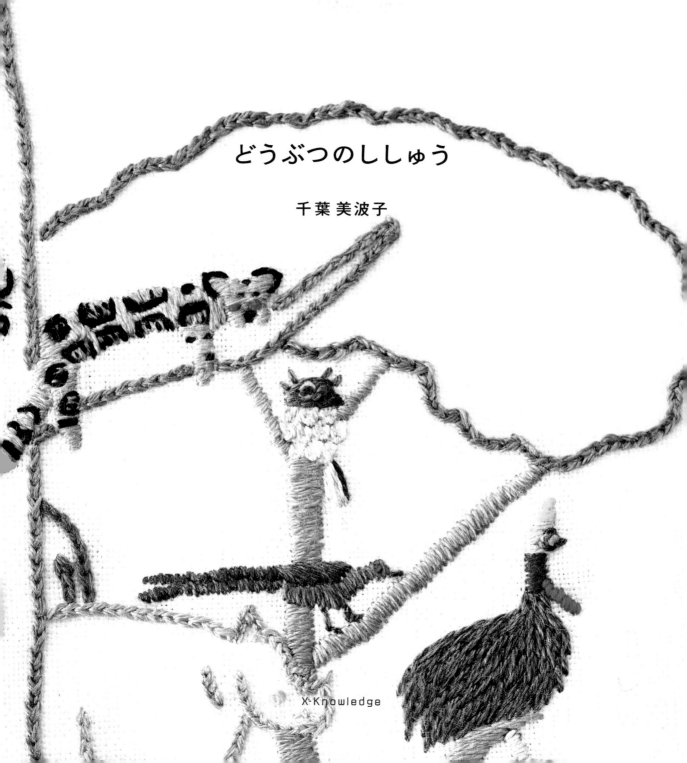

どうぶつのししゅう

千葉 美波子

X-Knowledge

目次 | CONTENTS

ブックデザイン　湯浅 哲也

撮影　宮濱 祐美子

図案DTP　原山　恵

印刷　シナノ書籍印刷

Welcome to the ZOO!

INDEX どうぶつたちの索引

本書に登場するどうぶつは全部で176種。関わりのある植物20種と共にご紹介します。

エンペラータマリン – p.23
小さなリス位のサイズ。基本は一夫一婦。授乳以外は雄が子育てする。

ガラパゴスリクイグアナ – p.44, 45
ピンク種は新種と認定。2021年残り211匹と大変少ない。

キンシコウ – p.19, 34
夏と冬で群れの数を変え社会的に暮らす。完全植物食。

オオアリクイ – p.35
アリクイ4種の中で最大。主食はアリ。動物園では代用食で飼育。

カルナルリモンアゲハ – p.39
カラスアゲハ亜種。ルリモンアゲハより大型で美しい。

クサシャジクモ – p.30
くさい。陸上植物に最近縁な緑藻類。真核生物。

オオウミウマ – p.29
全タツノオトシゴはメスがオスの育児嚢（のう）に産卵し大事に育てる。

カリフォルニアコンドル – p.19, 46
80年代に激減。動物園による野生復帰計画が成功し危機を脱した。

グラントシマウマ – p.16
サバンナシマウマの亜種。グレービーより縞数が少ない。

オオマルモンダコ – p.29
猛毒の唾液を使って捕食する。人間でも命を落とすほどの強毒。

カワテブクロ – p.29
20cm超え。粗石やサンゴ礁に生息。デトリタス（注1）を食べる。

グレービーシマウマ – p.35
縞が細く多い。最も大型。東アフリカでキリン等と群れを作る。

オオミミトビネズミ – p.12
砂漠原産。体長の2/3を占める耳は放熱板。絶滅危惧種。

カンムリブダイ – p.29
融合した嘴様の歯でサンゴを噛み砕いて食べる。フンは白砂になる。

グリーンアノール – p.44, 45
北米原産。日本の小笠原では外来種として生態系に影響大。

オオルリシジミ – p.36
日本の本州亜種。幼虫はクララという豆科在来種だけを食べる。

キーウィ – p.18, 43
NZの飛べない鳥。雄が2カ月抱卵。子の生存率が5％と低い。

クロヒョウ – p.43
豹の別種ではなく変異。豹紋もあり木の上では意外と目立つ。

オカピ – p.34
キリンの仲間で舌が長い。発見から100年余りで絶滅危惧種に。

キオビオウサマカシタマムシ – p.39
パプアニューギニア原産。樹上高く棲息（せいそく）。

クロモドリス・アンナエ – p.29
色彩変異が大きい美しいウミウシ。海綿動物を食べる。

オナガミズアオ – p.15
食草はハンノキのみ。尾の長さに個体差あり。オオミズアオに似る。

キジバト – p.26
日本在来種。年中ペア行動。オスもピジョンミルクを作り子育てする。

グンタイタイヨウチュウ – p.30
細胞同士が糸で繋がった多細胞太陽虫。待ち伏せ型の狩りをする。

か ー こ

キタキツネ – p.26
アカギツネの亜種。北海道に生息。ハンター兼スカベンジャー（注2）。

ゲンゴロウ – p.36
日本に130種以上いた水生昆虫。環境や外来種の影響で激減。

カカポ – p.18
唯一の飛べないオウム。繁殖は数年に1度。半分は孵（ふ）化しない。

キノボリセンザンコウ – p.13
密猟が多く8種すべて絶滅危惧。蟻の巣掘りに向く雨の日に活発に。

ゲンジホタル – p.39
日本固有。初夏に発光。川がきれいでないと生息できない。

カクレクマノミ – p.29
ハタゴイソギンチャクと共生し身を守る。性転換する。

キバノロ – p.13
雌雄とも角はなく牙様の犬歯を持つ。2020年ロシアでも発見。

コアラ – p.18, 35
1匹に100本のユーカリが必要。葉にも個体ごとの好みがある。

ガラパゴスゾウガメ – p.12
平均寿命100歳。最大級の亀。ダーウィンの発見時から4亜種が減少。

キヒトデ（マヒトデ） – p.33
日本でヒトデといえばこれ。牡蠣やアサリを食べる。

コウタケ – p.27
日本固有。松茸以上に美味で珍しい。発生は9月半ば頃。

ゴールデンライオンタマリン – p.35
社会的でオスも子育てをする。動物園の保護活動で種を保っている。

ココノオビアルマジロ – p.23
実際は甲羅に9本の帯。丸くなれない。亀のように身を守る。

コビトカバ – p.17, 36
体重はカバの1/10。カバと違って長時間陸上で過ごし温和。

コンブ – p.33
他生物の食物や住処となる。ヒトは工業用にも利用。不等毛藻類。

コブラバイパー – p.36
強い出血毒を持つ。飢えや渇きに強い。絶滅危惧種。

ゴマフアザラシ – p.24
決まったつがいを形成する。日本では北海道周辺に出没。

さ—そ

サバンナアカシア – p.17
草食獣が食べ下に枝のないテーブル状になる。身を守るトゲがある。

シテンチョウチョウウオ – p.29
世界のサンゴ礁に様々なチョウチョウウオが。本種は太平洋産。

シバイヌ – p.24
6種の日本犬の一つ。日本狼の血を継ぐ純血種。飼い主に忠実。

シベリアシマリス – p.24
北アジア原産。他のシマリス種は北米のみに生息。

シマウミヘビ – p.29
有毒なウミヘビに模様を似せている。砂に潜り捕食。太平洋産。

ジャイアントパンダ – p.18, 36, 42, 43
クマだが主食は竹類。保護活動により少しずつ数が増えている。

ジャガー – p.23
新大陸唯一の大型猫。泳ぎも得意で水生生物も捕食する。単独性。

シャチ – p.33
海の捕食の頂点。経験あるメスが狩りの授業をするなど知能が高い。

ジュウイチ – p.24
日本で繁殖するカッコウ科。托卵する。ジューイチと鳴く。

シロガイ – p.33
標準和名はサラガイ。6-8年かけて成長し身が厚い。

シロサイ – 表紙, p.17
社会性が高い。四角い唇。クロサイは尖った口。両種絶滅危惧。

シロナガスクジラ – p.31
地球最大の動物。定期的に海面で空気呼吸する。わずか数千頭。

シロヘラコウモリ – p.12
オス1匹でヘリコニアの葉の裏にハーレムを作る。唯一の白い蝙蝠。

ステイリンクス・デビリス – p.29
小型のクモガニ。頭部にアンテナ様の棘。スカベンジャー（注2）。

スナドリネコ – p.35
水に入り巧みに漁をする。住処のアジア湿地帯は50%以下に減少。

スマトラウサギ – p.15
ほぼデータのない幻の兎。虎柄という事以外よくわかっていない。

スマトラオオヒラタクワガタ – p.15
国産ヒラタと同種だがパワーがある。生息する山で内歯の形が異なる。

スマトラオランウータン – p.15
マレー語で森の人。出産は8年に1度の事も。6年以上子育てする。

スマトラガマグチヨタカ – p.15
スマトラの固有種。名の通り口が特に大きく開く。夜行性。

スマトラサイ – p.15
最小のサイ。森林に棲む。絶滅寸前種。マレーシアの同種は絶滅。

スマトラゾウ – p.15
熱帯林で暮らす。アジアゾウ最小。耳も小さい。危機的絶滅種。

スマトラトラ – p.15
現在最も絶滅の恐れが高い亜種。バリトラなど近隣亜種は既絶滅。

スローロリス – p.23
猿で唯一毒がある。密猟が絶えないが本質的にペットに向かない。

スンダウンピョウ – p.15
樹上性で犬歯が長い。ウンピョウとは遺伝的分岐した別種。

セイウチ – p.12
群れで生息。主食は二枚貝。ホッキョクグマと牙で戦うことも。

造礁サンゴ – p.29
藻を共生させ光合成するため成長が早くサンゴ礁の基盤となる。

ソマリアセンギ – p.16
2020年南アフリカで50年ぶりに再発見。ゾウの遠い親戚。

た—と

タイヨウホウサンチュウ – p.30
海の珪素で硝子質の殻を作る。太陽のような仮足で餌をとる。

ダチョウ - p.17, 40
世界最大の飛べない鳥。両親は40日間交代で抱卵する。

タテガミヤマアラシ - p.19
アフリカ北部。針の長さ約30㎝。音を出し威嚇や求愛する。

タマゴタケ - p.27
きれいだが無毒で美味。日本では夏から秋にかけて生育。

チリーフラミンゴ - p.13
ベニイロより一回り小さい。薄い羽色と足の色区分が特徴的。

チンパンジー - p.18
乾燥森林や湿潤森林などに暮らす。ボノボと共にヒトに最近縁。

ツノサイチョウ - p.15
ボルネオやスマトラ等熱帯林に生息。雄雌ペアで子育てもする。

ツバメケイ - p.12
飛べない。一目一科一属一種の珍鳥。鳥類唯一の完全菜食。翼に爪を持つ。

テングザル - p.22
ボルネオ島固有種。世界に1万頭程度。鼻が大きいオスがモテる。

トキ - p.27
純国産トキは絶滅。他の絶滅危惧動物保護のモチベーションになっている。

トリケラティウム・ファブス - p.30
移動すると珪素の跡が残るほどケイ酸質が豊富。不等毛藻類。

ナピアグラス - p.16
熱帯原産のイネ科植物。穂を赤にしサバンナメリニスとして刺繍しても。

ナナホシテントウ - p.38, 39, 43
幼虫も成虫もアブラムシが好物。成虫は1日100匹食べる事も。

ニシアフリカコビトワニ - p.44, 45
アフリカ熱帯の小型クロコダイル。おとなしく一夫多妻。

ニシキヘビ - p.24
アミメニシキヘビが東南アジア最大級で10m近い記録も。毒なし。

ニシローランドゴリラ - p.22, 35
ニシゴリラの亜種。年配の雄が群れを守り社会的に子育てする。

ニホンザル - p.27
日本固有。ヒトを除く霊長類で最北端に生息。感情豊かで知的。

ニホンジカ - p.26, 41
日本狼等に対抗するため多産。狼の絶滅で急激に増加した背景も。

ニホンツキノワグマ - p.27
日本亜種。雑食だがより植物を好む。冬眠する。

ニホンミツバチ - p.24, 39, 42
日本固有で在来植物と受粉相性がよい。西洋産より寒さに強い。

ニホンヤマネ - p.27
日本固有の齧歯類。数百年前から生息。天然記念物。7㎝程。

ニホンリス（ホンドリス） - p.26, 42
単独性。本州～九州に分布する固有種。冬眠しない。

ヌー - p.16
ウシ科草食獣。シマウマやガゼルも含む大群で移動する姿は圧巻。

眠るキリン - p.13
1日20分、ほとんど立ったまま眠るのでこの体制になるのは珍しい。

ノウサンゴ - p.29
熱帯に分布。造礁サンゴ。体内に藻類を共生させ光合成を行う。

ハイイロオオカミ - p.13
イヌ科。頂点捕食者。生態系バランスを保つ重要な役割を持つ。

バイカナマコ - p.29
インド太平洋産。全身にイボ様突起。サンゴ礁周辺の砂地に住む。

ハシビロコウ - p.36
ハイギョ等大型魚を動かず待ち伏せする。1種で1科を成す珍鳥。

ハシボソガラス - p.26
ハシブトより小さく嘴が細い。ビル街や住宅地はハシブトが多い。

ハダカデバネズミ - p.12, 41
高度に社会的。個々が集団利益のため働く。女王しか出産しない。

ハタゴイソギンチャク - p.29
毒性が強い。共生するカクレクマノミに掃除等をしてもらう。

バビルサ - p.15, 22
インドネシア原産。頭方向に湾曲伸長する犬歯が特徴だが実はもろい。

ハリモグラ - p.13
昆虫食。カモノハシ同様の卵生ほ乳類。腹部の育児嚢で育てる。

ハワイガン - p.34
走るのが得意なハワイの固有種。危急種。野生復帰の取組みが盛ん。

ハンドウイルカ - p.31
仲間を介護し個体ごとに特有の呼び名も持つなど知能と社会性が高い。

ヒクイドリ - p.15
保護が必要な危急種だが攻撃的な性格で飼育化の繁殖が難しい。

 ヒグマ - p.24
世界に幅広く分布。日本では北海道に生息。頂点捕食者。

 ヒト - p.19, 32
環境破壊もするが知能を活かし環境保護や他生物との共生も可能。

 ヒヨケザル - p.22
世界で2種のみ。皮膜で滑空し櫛状の歯で花果をしごいて食べる。

 ヒラアシアメーバ - p.30
偽足を出し藻類等を捕食。透けた体内に食事が見えることも。

 ヒラテンジクダイ - p.29
サンゴ礁生息。夜行種で目が大きい。雄が口腔保育する。

 ビントロング - p.35
ジャコウネコ科。尾を操り樹上を移動する。ポップコーン様の匂い。

 フクロウ - p.43
捕食上位の猛禽類。同じフクロウ科で羽角があるのがミミズク。

 フクロテナガザル - p.15
テナガザル最大種。喉にある袋で大声を出しナワバリを主張。

 フタバガキ - p.15
東南アジアの熱帯雨林を代表する高木。約70種分布。

 フタユビナマケモノ - p.24
口吻（こうふん）が尖り前足は指2本。樹上性。歩行が苦手で泳ぎは得意。

ブチハイエナ - p.16
掃除屋のスカベンジャー（注2）であり優秀なハンターでもある。メス優位。

 プラチナコガネ - p.39
金属光沢のある美しい体は様々なカラーがありヒトに人気。

 ブロブフィッシュ - p.12, 31
深海魚。底引網で皮が剥けたピンクの姿が有名。海中の姿は違う。

 フンボルトペンギン - p.34
繁殖地でコロニーを形成し雌雄が協力して子育てする。

 ベニクラゲ - p.31
子を産むとポリプに戻り成長を繰り返す。不老不死。赤は消化器。

 ヘラクレスオオカブト - p.39
世界最大のカブト。18cmの個体も。人気が乱獲に繋がる。

 ベンガルヤマネコ - p.15
スマトラでは他の大型猫科と棲分けして共存。木登や水泳も得意。

 ホオジロカンムリヅル - p.35
唯一木に止まる美しいツル。湿地の減少と干ばつで絶滅危惧に。

 ホッキョクグマ - p.31
子育ては約2年。毛は透明で皮膚は黒、太陽光を活かして保温。

 ホシガタホウサンチュウ - p.30
棘の根元が本体と融合。ガラス質の美しい原生生物。

 ホシノスナ - p.29
砂有孔虫の死骸。生息時はアメーバが住みトゲ（仮足）で捕食する。

 ホタテガイ - p.32
水生軟体動物。自由遊泳やジェット噴射して逃亡もできる。

ホンシメジ - p.27
ブナシメジとは異なり大きく肉厚。美味。日本固有種。

 ホンドタヌキ - p.26
イヌ科で唯一冬眠。植物寄りの雑食。染色体数はネコに近いそう。

 ホンナガウニ - p.29
実際のトゲは太く白っぽい。サンゴ礁の割れ目に生息。

 ## ま〜も

 マダガスカルオナガヤママユ - p.39
世界一長い尾状突起で蝙蝠の超音波を回避。長い程生存率アップ。

 マテガイ - p.33
二枚貝。砂の中に生息。植物プランクトンやデトリタス（注1）を食べる。

 マテバシイ - p.27
日本固有。リスやクマなど多くの生物の主食。人が食べても美味。

 マナティ - p.36
ゾウに近縁。長命で繁殖間隔も長く数の回復に時間がかかる。

 マレーバク - p.22, 36
4種のうち最大。妊娠は13ヶ月で繁殖が遅い。保護活動は必須。

 マルタニシ - p.26
日本固有で絶滅危惧。稲を食害しない。水田の生態系を支える。

 マンドリル - p.23
霊長類最大の集団を作る。高い社会性を持ち仲間の看病もする。

ミーアキャット - p.17
数家族で群れを作り見張り役と狩り役に分かれ助け合って暮らす。

ミカヅキモ - p.30
水中に広く分布。変形し乾燥や寒さに耐えるため田んぼにも生息。

ミケネコ - p.24
体毛がくっきり3色に分かれるイエ
ネコ。遺伝の特性上殆どメス。

メンダコ - p.31
タコの仲間だが腕は短く墨袋もない。
深海生物のため不明が多い。

ラフレシア - p.22
ミツバカズラに寄生。世界最大の花
が腐臭を放ち蝿を誘き寄せる。

ミズダコ - p.32
2m超える世界最大のタコ。寿命が
短い。メスはとても大切に卵を守る。

モンクアザラシ - p.31
亜熱帯に生息する珍しいアザラシ。
全ての属が絶滅危惧。

ルリモンアゲハ - p.15
カラスアゲハの仲間。美しく多様な
羽からヒトの収集対象に。

ミドリムシ - p.30
単細胞藻類。複雑な細胞運動をする
原生動物的側面も持つ。

や — よ

レッサースローロリス - p.34
スローロリスの約半分サイズ。ペット
需要が高いため減少。毒がある。

ミナミゾウリエビ - p.29
ロブスターに近縁で美味。鋏は持た
ない。サンゴ礁の砂地に生息。

ヤコウチュウ - p.30
渦鞭毛虫。大発生すると海を光り輝
かせる。赤潮の原因にもなる。

レッサーパンダ - p.36
樹上性。内気。主食の竹林消失で野
生では深刻な絶滅危機に。

ミミナガバンディクート - p.34
小型有袋類。絶滅危惧。長い巣穴が
他生物のシェルターとなる。

ヤナギノリ - p.31
海上の岩に生える海藻。褐色〜赤紫
でヒトが食べることもある。

レッド・シー・ホイップ - p.31
密生することもあり魚の隠れ家となる。
熱帯、温帯地域。

ミユビナマケモノ - p.23
鼻は低く前足は指3本。命懸けで降
木し排泄するため樹がよく育つ。

ヨウスコウカワイルカ - p.13
小型の白イルカ。2002年以降目撃
されず絶滅が疑われる。

わ

ムササビ - p.24
日本にしか存在しない種。絶滅危惧。
猫サイズ。皮膜で滑空。

ヨツコブツノゼミ - p.39
体長4mm。蝉ではなくヨコバイの仲
間。コブの用途は不明。

ワオキツネザル - p.35
メス優位の集団で生活する。生息地
の疎林地域が急速に減っている。

ムラサキウニ - p.32
海藻を主食とし成熟。異常繁殖する
と海藻を食べ尽くしてしまう。

ら — ろ

ワカメ - p.33
日本では生物の住処にもなる重要在
来種。世界では侵略的外来種。

ムラサキイガイ - p.32
ムール貝。日本では外来種として一
気に繁殖した。

ラーテル - p.13, 41, 42
体長80cm程。ライオンも避ける凶暴
さでサバンナ最強説も。

ムラサキシメジ - p.27
紫のマッシュルーム様の形状。好み
が分かれる味だそう。

ラコダールツヤクワガタ - p.39
東南アジアに生息。顎が大型化して
おり前羽のカラーも多彩。

（注釈1）デトリタス
生物由来の有機体粒子とそこに繁殖
する微生物群集。

メガネザル - p.19
霊長類で唯一完全肉食。ペット需要
から密猟が絶えない。

ラッコ - p.32
寒い海で体温を維持するため大食漢。
毛皮を狙う密猟などで激減。

（注釈2）スカベンジャー
腐肉食性。生態系の掃除屋として必
要不可欠。

メキシコオオツチグモ - p.39
別名タランチュラ。小型の哺乳類も
捕食。生息地破壊が深刻。

ラブカ - p.31
深海ザメ。顎が連結され咀嚼できず
獲物を丸飲みする。

序 文

ようこそ。ここは刺繡のどうぶつえんです。

子どもの頃、動物図鑑を手作りしていました。思えば当時から、猫もコアラもクジラも毛虫もトカゲも大好きで、今回生命の誕生から学び直しながら旧い友だちと再会したような懐かしさを感じています。
害がある、醜い、恐ろしい。そんな評価はなんのその。誰もが生きているだけで他の生物や環境の役に立つのが生物の世界です。
ヒトである私もステキに関わりたい。そんな願いもまるごと、針と糸で縫い上げたいと思いました。

そうして浮かんだキーワード、「関係性」がこのどうぶつえんのテーマです。
ヒトと生物の大切な接点という意味も込めました。今、動物園の役割は種の保存と動物福祉の両立へと確実にシフトしています。

ここにみなさまをお迎えできて幸せです。
刺繡のどうぶつたちと、やさしい時間をお過ごしください。

クロヤギシロヤギ　千葉美波子

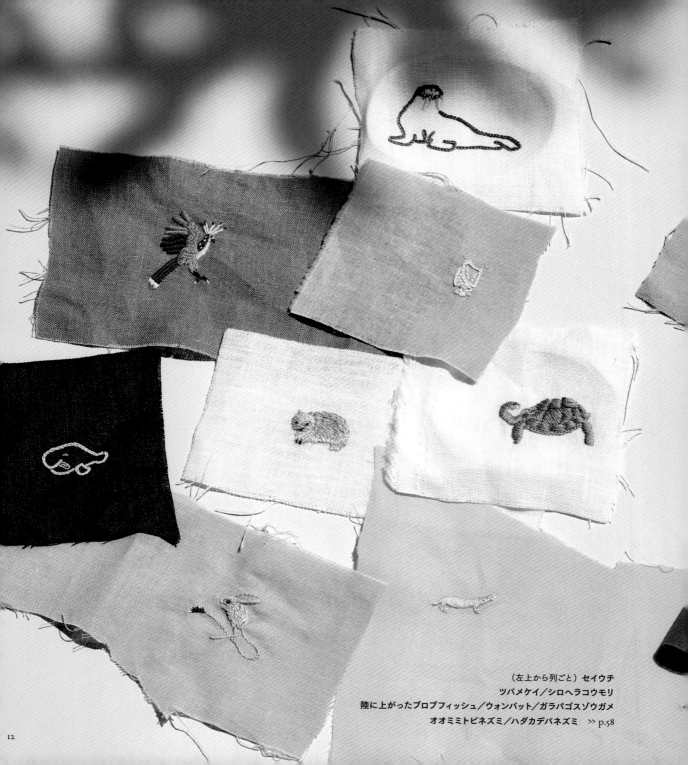

（左上から列ごと）セイウチ
ツバメケイ／シロヘラコウモリ
陸に上がったブロブフィッシュ／ウォンバット／ガラパゴスゾウガメ
オオミミトビネズミ／ハダカデバネズミ　>> p.58

（左上から列ごと）
ハリモグラ／ハイイロオオカミ／チリーフラミンゴ
眠るキリン／ラーテル
キノボリセンザンコウ／キバノロ
アナウサギ／ヨウスコウカワイルカ
> p.59

CHAPTER 1

Animals on the ground

地上の世界

鬱蒼とした密林のあちこちで宝石のように瞬く命の森。そんなイメージで刺繍した作品から、地上の生き物を巡るエリアがはじまります。
灼熱の乾燥地帯や熱帯の湿原、極寒の氷地。環境と共に進化したそれぞれの個性、そして他生物との豊かな関係性を現す一つのアプローチとして、自由に色を使いました。

生命は関係しあって暮らしています。
一見ヒトとは関係ない生き物にも感情があり、家族がいて、数を認識したり交渉したり配慮したり、陰陽のように絶妙なバランスを保っています。どんなちいさな生物が欠けても成り立ちません。

陸の動物たちと順路を進みましょう。手の中で生まれる驚きとワクワク。命へのやさしい気持ちをやわらかい糸が描き出します。

《インドネシア生命の森》Life in the Forest

インドネシアの国土は世界の陸地面積の1.3%。小さな国だが約325,000の動植物が共生する。 >> p.90

(p.15 左上から列ごと)
オナガミズアオ／ツノサイチョウ／ルリモンアゲハ／スマトラオランウータン
フクロテナガザル／アカエリトリバネアゲハ／ベンガルヤマネコ／スマトラオオヒラタクワガタ
スンダウンピョウ／スマトラガマグチヨタカ／スマトラゾウ／アオオビコクジャク
スマトラトラ／スマトラサイ／ヒクイドリ／スマトラウサギ／バビルサ／フタバガキ（樹木）

《熱く乾いた大地》 SAVANNAH

地上の三分の一は乾燥度の異なる砂漠地帯だ。生物たちは常に水を求め、移動を繰り返す。 >> p.60, 61

（左上から列ごと）アフリカライオン／ヌー
ソマリアセンギ／アミメキリン／ブチハイエナ
ナピアグラス（植物）／グラントシマウマ

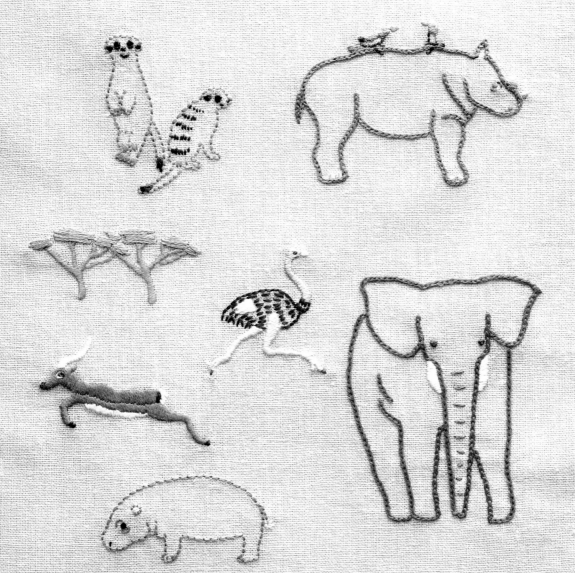

（左上から列ごと）ミーアキャット／シロサイ
サバンナアカシア（植物）／ダチョウ／アフリカゾウ
インパラ／コビトカバ

17

《自然林と山河》 NATURAL FOREST / MOUNTAIN

適度な温度の温帯地域。ほとんどをヒトが開墾し原生林はほぼ残っていない。 >> p.62, 63

（左上から列ごと）
アムールトラ／インドマメジカ
ジャイアントパンダ／チンパンジー
コアラ／キーウィ／カカポ（フクロオウム）

（左上から列ごと）
キンシコウ／メガネザル
タテガミヤマアラシ／アオメブチクスクス
耕すヒト／カリフォルニアコンドル

Stitch tips #1 ｜ 刺し方の順番

ふっくらした毛や特有の模様を表現するため、刺し方をひと工夫しましょう。

p.13 - 眠るキリン

p.19 - キンシコウ

Q.

どうぶつの毛並みや
模様を描くコツは？

p.26 - ニホンジカ

p.23 - ミユビナマケモノ

サテンSで描く場合、大きな模様は先に刺してから間を埋めました。模様の輪郭がきれいに出ます。 ▶

サテンSで描く場合、小さい（細い）模様は埋もれないように模様を空けて刺し、後から模様を埋めました。
▼

ステッチの刺し順がポイントです。

▲ ストレートSを密に刺してふわふわの毛並みを表現する場合、最初に毛の流れをランダムに刺してから間を埋めました。

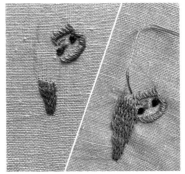

◀ ロング＆ショートSで全体を埋める場合、毛の流れに沿った向きで刺しました。手足や胴体のパーツごとに刺し、つけ根で合流すると自然になります。

《熱帯の原生林》RAINFOREST

カラフルな熱帯雨林。赤道周辺に広がる命の宝庫は、急速に消滅している。 ≫ p.64, 65

（左上から列ごと）
マレーバク（親子）／ヒヨケザル
バビルサ／ラフレシア（植物）
テングザル／ニシローランドゴリラ

22

《生き物たちの時間》 TIME OF ANIMALS

時間感覚は生活ペースと体のサイズに関連しているとか。動物たちの時間に思いを馳せて。 >> p.66

《日本の里山》JAPANESE ANIMALS

国土を森林で覆われた水源豊かな島国。都市と自然の距離が近い。 >> p.68, 69

（左上から列ごと）
ホンドタヌキ／イネ（植物）、マルタニシ
ニホンリス／エゾリス／キタキツネ
キジバト／ニホンジカ／ハシボソガラス

CHAPTER 2

Animals in the Sea
海 の 世 界

陸から海へ、エリアを移しましょう。
あらゆる陸上生物より先に誕生し、今も突出した生物多様性を保つ『サンゴ礁』。
実はサンゴをはじめとしたほとんどが動物です。これだけ圧倒的な数が集まる
スポットは地上にもなく、それぞれ役割を持って関わり合う様は、まさに奇跡
といえるでしょう。

陸以上に謎の多い海中です。
「生命は海からはじまった」という通説にも、近年新説が登場したとか。
とはいえ、海が生命の進化に大きな役割を担ったのは確かなこと。サンゴ礁は
その一例です。

まるでいのちの秘密を隠すように、海面はまぶしく輝きます。
その例え難いうつくしさを少しでも写し取りたいと刺繍した、きらめく糸の海
をご案内します。

《サンゴ礁、みんなの家》GREAT CORAL REEF

オルドビス紀から存在する見事な生物群集。海温の上昇でサンゴが石化し、多くの命が影響を受けている。 >> p.92

(p.29 左上から列ごと)
造礁サンゴ／エポーレットシャーク／ホンナガウニ／クロモドリス・アンナエ
シマウミヘビ／シテンチョウチョウウオ
アカメハゼ／ステイリンクス・デビリス（クモガニ）／ヒラテンジクダイ
アカフチリュウグウウミウシ／イバラカンザシ／オオマルモンダコ／オオウミウマ
カンムリブダイ／バイカナマコ／ハタゴイソギンチャク／カクレクマノミ／ミナミゾウリエビ／カワテブクロ／ホシノスナ／ノウサンゴ／アオヒトデ

《原生生物》 PROTISTS

初期動物の元となったとされる。海に限らず多様なグループを形成。 >> p.70

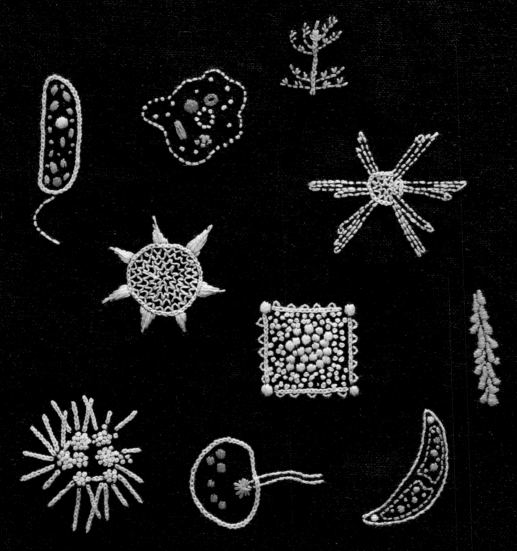

（左上から列ごと）
ミドリムシ／ヒラアシアメーバ／クサシャジクモ／ホシガタホウサンチュウ
タイヨウホウサンチュウ／トリケラティウム・ファブス／ウミブドウ
グンタイタイヨウチュウ／ヤコウチュウ／ミカヅキモ

《海》 IN THE SEA

海生種の91%が未発見とされる聖域。海水温の上昇や汚染などが課題。 ≫ p.71

（左上から列ごと）
ホッキョクグマ／ハンドウイルカ
シロナガスクジラ／ベニクラゲ／モンクアザラシ
ラブカ／メンダコ
ヤナギノリ（海藻）／レッド・シー・ホイップ（海藻）／ブロブフィッシュ

column:

いのちがいのちを支える

-Balance of Life-

ラッコが魚を食べるので駆除対象に
なったことがありました。ところが
逆に、漁獲高は減ったそう。

理由はコンブの減少。
コンブは魚の餌になる微生物の住処。
魚の隠れ家にもなります。
でもラッコは肉食獣。コンブは食べ
ません。
一方、ウニはコンブが大好き。ラッ
コが減ってウニが増え、コンブをた
くさん食べたのが原因でした。その
後ラッコの保護活動をすると漁獲量
が戻ったそうです。

同じようなことはオオカミを失った
日本の森林でも起きていて、肉食獣
への対策として多産になった鹿が急
増しています。草食獣が増えすぎる
と植物がなくなりますし、小型獣や
昆虫は住処を失います。
いかにいのち同士が繊細なバランス
で支え合っているかがわかります。

《絶滅危惧種のアルファベット》 THREATENED ANIMALS ALPHABET

CR（深刻な危機）からVU（危急）まで、絶滅の危険がある生物たち。 >> p.74〜76

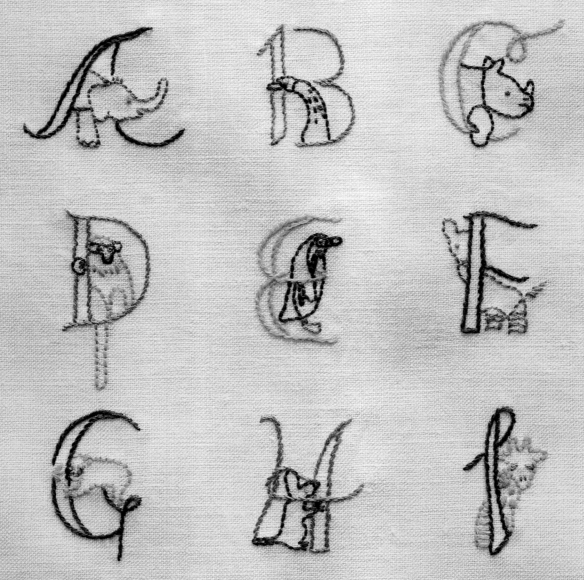

A. アジアゾウ／ B. ハワイガン／ C. サイ
D. キンシコウ／ E. フンボルトペンギン／ F. オカピ
G. レッサースローロリス／ H. ミミナガバンディクート／ I. キリン

34

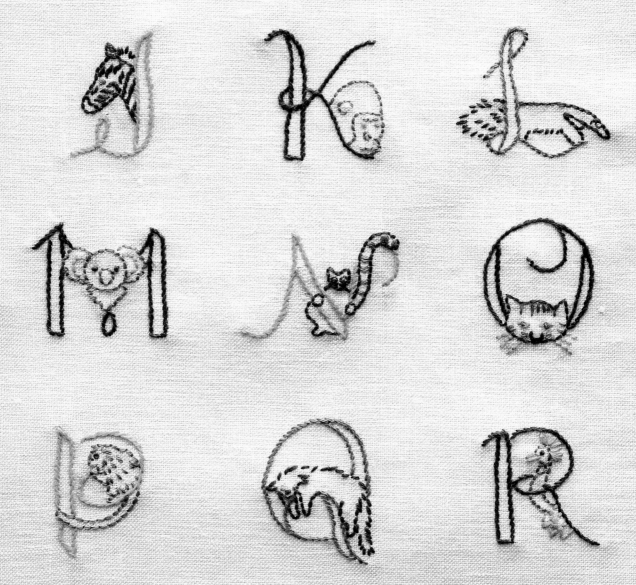

J. グレービーシマウマ／K. ニシローランドゴリラ／L. オオアリクイ
M. コアラ／N. ワオキツネザル／O. スナドリネコ
P. ゴールデンライオンタマリン／Q. ビントロング／R. ホオジロカンムリヅル

S. ハシビロコウ／ T. コビトカバ／ U. ジャイアントパンダ
V. マレーバク／ W. コブラバイパー／ X. スマトラオランウータン
Y. マナティ／ Z. レッサーパンダ／ !. ゲンゴロウ／ ?. オオルリシジミ

Stitch tips #2 ｜ 毛並みのアレンジ

ステッチが変われば、同じ図案でも表情が変化します。

ステッチのLESSON >> p.49〜54

p.35 - コアラをアレンジ

LONG & SHORT STITCH

フサフサの質感に

REAL

◀ ロング＆ショートS

ステッチを層状に重ねることでリアルな毛並みが表現できます。図案の幅が狭くても広くても使えます。

SATIN STITCH

◀ サテンS

ふっくらとした立体感とツヤのある毛並みなら**サテンS**（左）がおすすめです。幅が広過ぎると糸が浮くため、広い図案の場合は**フローリアンS**（右）で代用しましょう。まるで**サテンS**のように仕上がります。

フローリアンS ▶

FLORIAN STITCH

STRAIGHT STITCH

◀ ストレートS

図案の内側をランダムに刺すことで毛並みをラフに描けます。簡単にでき、多色使いもおすすめです。

ROUGH

スケッチのように

CHAPTER 3

どうぶつたちの小物

Stitch Idea

身の回りの小物や服にどうぶつたちのデザインを取り入れて。
12〜39ページのどうぶつをアレンジした図案も紹介します。

ナナホシテントウ
刺繍で描くと、生き物の造形や色の美しさに気づかされます。
生物は植物界、菌界、そして動物界の3つに分かれ、ヒトや昆虫、
爬虫類、両生類なども動物界の仲間です。

（左上から列ごと）
ニホンミツバチ／マダガスカルオナガヤママユ／ゲンジボタル
ヘラクレスオオカブト／カルナルリモンアゲハ／ヨツコブツノゼミ
プラチナコガネ／キオビオオサマムカシタマムシ／ラコダールツヤクワガタ／メキシコオオツチグモ（タランチュラ）／ナナホシテントウ

◉ 乗せる -THE EARTH-

どんな生物とも相性がいい。みんなの地球は万能図案。 ≫ p.80

[Arrange - p.17 ダチョウ]

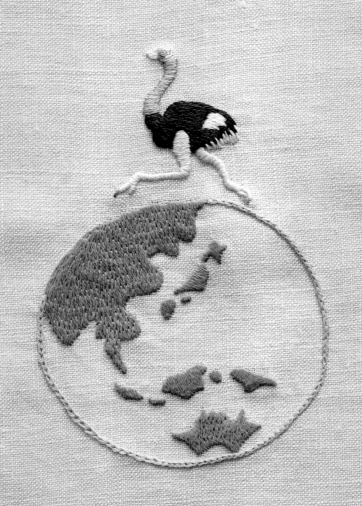

◉ カットする -STAMP-

ピンキングバサミでカットするだけ。ワッペンやアクセサリーにも。 >> p.81

[Arrange - p.12 ハダガデバネズミ／ p.13 ラーテル]

◉ ステッチで DRESS UP

顔だけ刺繍して、メガネやヒゲを自由にON。手軽でたのしい。 >> p.82

[Arrange - p.26 ニホンジカ]

● 組み合わせる -BIRTHDAY FRAME-

飾り刺繍と合わせれば、ワンポイントが「模様」になる。 ≫ p.83

[Arrange - p.13 ラーテル／ p.18 ジャイアントパンダ、チンパンジー／ p.23 ウツボカズラ／ p.26 ニホンリス／ p.39 ニホンミツバチ]

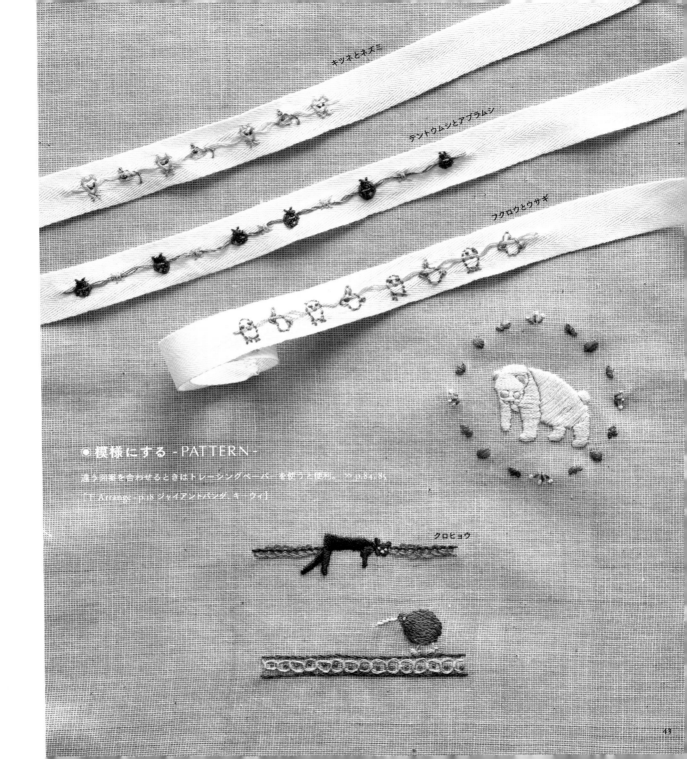

キツネとネズミ

テントウムシとアブラムシ

フクロウとウサギ

●模様にする - PATTERN -

違う図案を合わせるときはトレーシングペーパー、対称が便利、にそれぞれ

クロヒョウ

◉ **重ねる** -LIKE THE BREMEN-

動物たちを重ねるだけで、新しい図案が完成。フローリアンSだから刺しやすい。 >> p.86

[Arrange - p.45 ニシアフリカコビトワニ、リクイグアナ、グリーンアノール]

《爬虫類と両生類》REPTILES & AMPHIBIANS

無二のルックスが魅力的。生態系バランスの重要な担い手。 >> p.87

（左上から列ごと）
エリマキトカゲ／ガラパゴスリクイグアナ
インドコブラ／エボシカメレオン
ニシアフリカコビトワニ
インドハナガエル／グリーンアノール

◉ ことばを添えて -WITH TEXT-

文字が入ると、図案が締まる。ひらがなだから、なんだかやさしい。 ≫ p.88

[Arrange - p.19 カリフォルニアコンドル]

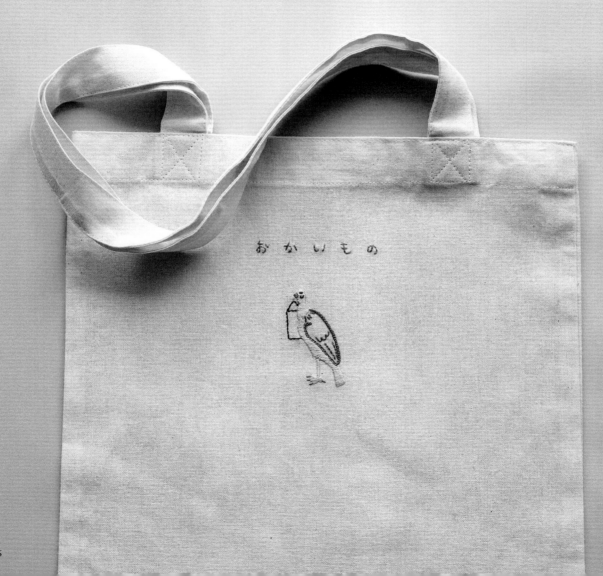

あ　い　う　え　お
か　き　く　け　こ
さ　し　す　せ　そ
た　ち　つ　て　と
な　に　ぬ　ね　の
は　ひ　ふ　へ　ほ
ま　み　む　め　も
や　　　ゆ　　　よ
ら　り　る　れ　ろ
わ　　　を　　　ん
。　〃　！　ノ　？

どうぶつたちと一緒に刺したいことばをひらがなで。
２種類のステッチを使います。［ 数字の図案は ≫ p.89 ］

刺繡のレッスンと実物大図案

・p.49〜54のレッスンを参考に図案を写して刺繡をしましょう。

・各ステッチ刺繡の基本の刺し方は p.93〜94 にあります。

LESSON

図案の写し方

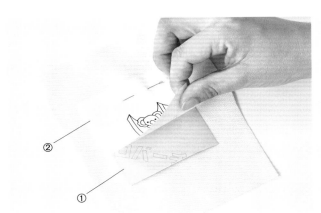

② ①

1 | 布の表に①手芸用複写紙、②図案を重ね、まち針を打つ。

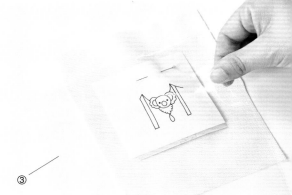

③

2 | さらに上に③セロファン（PP袋でも可）を重ねる。

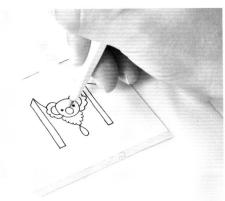

3 | セロファンごしに鉄筆で図案線をなぞって写す。

4 | まち針を外さずに、一旦、写り具合を確認しましょう。
薄い線は、図案を見ながら直接ペンで布に書き足しても◎。

37ページで紹介した4つのステッチの刺し方を紹介します。

サテンステッチ ｜ 面を埋めるのに最適なステッチです。

SATIN STITCH

布（表）

1｜布に写した図案の内側に針を出す。

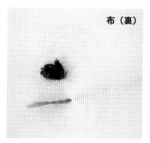

布（裏）

｜**POINT**｜　布の裏の糸端は、1cm前後残しておく。

2｜刺し始める前に、捨て針（2針程返し縫い）をする。

｜**POINT**｜　捨て針によって、糸が抜けるのを防ぎます。

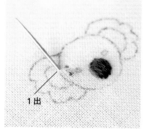

1出

3｜刺し始める。左端の図案線上に針を出す。

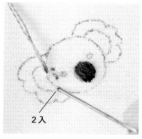

2入

4｜下側の図案線上に針を入れる。

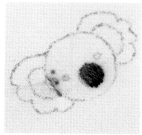

5｜糸を引く。サテンSはこの繰り返しで刺す。

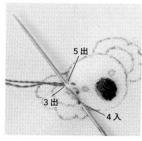

5出
3出
4入

6｜同様に最初の針目と平行になるように、図案線上の端と端をすくって埋めていく。

目の上下を刺す

7｜途中、図案の目の位置では上下に分けて刺し、目のスペースを空ける。

8｜鼻の部分では、先に刺し終えた鼻のきわに針を入れ、鼻の上部分を刺す。

9｜続けて、短い距離のため糸を切らず、鼻の下部分を刺す。

50

10 | 鼻部分を終えたら、再び、図案の端と端をすくって刺していく（目はあける）。

11 | 端まで刺したところ。

布（裏）

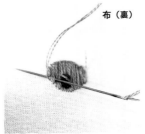

12 | 続けて刺さない場合や次の図案と離れている場合は、糸始末する。布の裏側の渡り糸に針をくぐらせる。

布（裏）

13 | さらにそばの渡り糸に針を数回くぐらせる。

14 | 同様にして数回くぐらせ、きわで糸をカットする。

布（裏）

目＝フレンチノットステッチ

15 | 目をフレンチノットSで刺す。刺し始めは、布の裏側の渡り糸に針をくぐらせる。

16 | さらにそばの渡り糸に針を数回くぐらせて糸をとめる。

布（表）

1 出

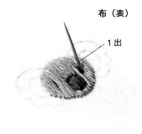

17 | 表に返し、空けておいた目の位置から針を出す。

18 | 指定の回数分、左手で針に糸を巻く（写真は1回）。

2 入

19 | 目の位置に針を刺し、その状態で巻いた糸を左手で引く。

20 | 左手で引いた糸が締まって下に降りたら、針を刺し通す（裏側から手で抜く）。

21 | 糸を引くと結び目のある丸ができる。糸の引き具合で丸の大きさが変わるので注意。

フローリアンステッチ | サテンSより幅広い面の図案に使えます。糸の本数は偶数本で刺します。

FLORIAN STITCH

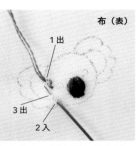

布（表）

1出
3出
2入

1 | サテンSと同様に針を出し、ひと針（1/2程度）戻る。

2 | 糸を引き、1出の糸を等分に分けて間に針を通す。

3 | そのまま糸を最後まで引く。

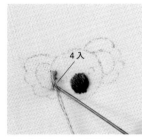

4入

4 | 糸が出ている位置（3出）のそばに針を入れる。この繰り返しで刺す。

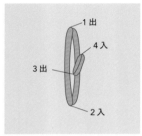

1出
4入
3出
2入

渡った糸の片側1本がとまり、糸が浮きにくくなります。

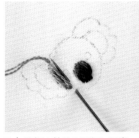

5 | 最初の針目と平行に図案線上の端と端をすくって埋めていく。目はサテンSと同様に空けて最後に刺す。

| **POINT** | 目や鼻の上下など短い幅は、サテンSでOK。サテンSと似ているため、混ざっても目立ちません。

ロング＆ショートステッチ | 層状に刺すため毛並みの表現向きです。

LONG & SHORT STITCH

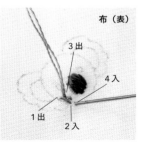

布（表）

3出
4入
1出
2入

1 | サテンSと同様に捨て針し、1段めを端から刺す。最初に長い針目（長）、次に1/2程度の針目（短）でサテンSの要領で刺す。

長
短

2 | 長短のステッチを刺したところ。

3 | 交互に長短のステッチで端まで刺す。1段めの完成。

長短によって凸凹した形になります。

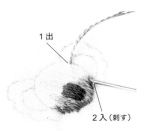

1出
2入（刺す）

4｜2段めを刺す。1段めの長の針目を目安に、1段めの糸に針を入れる。

｜POINT｜ 前段のステッチの糸を刺したことで、ステッチが馴染みます。

5｜続けて、1/2程度の高さで針を出し、1段めの糸を刺す。

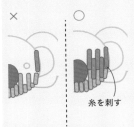

× ○

糸を刺す

糸を刺すと前段と馴染むため自然なレイヤー（層）になります。

幅が狭い部分は短を飛ばす

6｜前段のステッチを刺して端まで刺す（目は空けない）。2段めの完成。

7｜2段めと同じ要領で3段めを刺す。

｜POINT｜ 目は図案で位置を確認し、ステッチの糸を割って針を出してP.51と同様に刺します。

バックステッチ／ストレートステッチ｜簡単で自由な向きで刺せるステッチです。

BACK STITCH
STRAIGHT STITCH

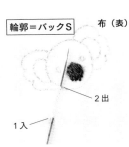

輪郭＝バックS 布（表）
2出
1入

1｜刺し始めは、離れた場所から針を入れて図案線上に出す。

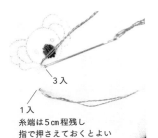

3入
1入
糸端は5cm程残し指で押さえておくとよい

2｜続けて、輪郭となる図案線上をバックSで刺す。

3｜バックSで一周したところ。輪郭が完成。

内側＝ストレートS

4｜内側に針を出し、好みの位置に針を入れる。これを繰り返す。

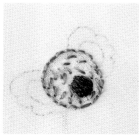

5｜ストレートSで内側を自由に刺したところ。目の部分はよけて、P.51と同様に刺す。

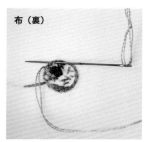

布（裏）

6｜糸始末をする。布の裏の針目に数回巻きがかかり、糸を切る。

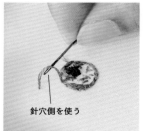

針穴側を使う

7｜布の表の刺し始めの糸端を裏に引き出し、針に通して6と同様に始末する。

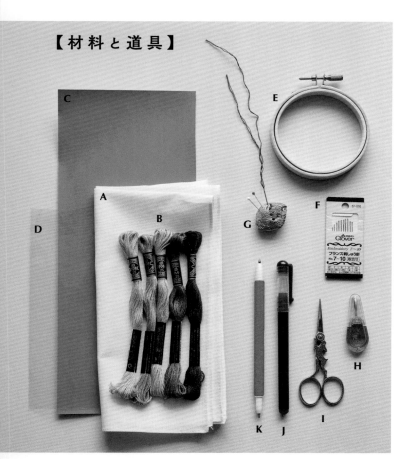

【材料と道具】

A 布

B 25番刺繍糸

C 手芸用複写紙 （チャコピー片面クリアータイプ）
水で決えるタイプが便利。

D セロファン

E フープ
布を張るのに使用。
手の大きさに合う直径8〜12cmがおすすめ。

F 刺繍針 （フランス刺しゅう針 No.7）

G まち針、針刺し

H 糸通し （エンブロイダリースレダー）
針穴に糸を通すのに便利。

I 糸切りはさみ
余分な糸を切らないように刃先が細いものがおすすめ。

J 印つけペン （チャコパー）
水で消える水溶性で細い線が書けるものが便利。
写した図案が薄かった場合、書き足すのにも使用できます。

K 鉄筆 （トレーサー）

B／DMC
C、F、H、K／クロバー株式会社

Stitch tips #3 │ 細部の仕上げ

色や形を表現する工夫はさまざま。ちょっとしたコツをご紹介。

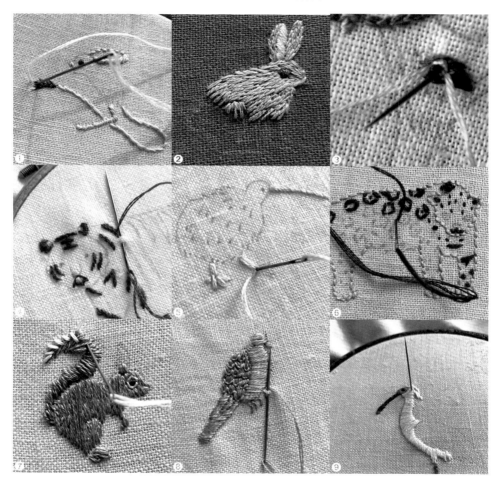

❶グラデーションは濃→淡の順に刺す。［p.12 オオミミトビネズミ］❷骨格を意識して手や足で方向を変えて。［p.13 アナウサギ］❸目の輪郭はオープンレゼーデージーSだときれいに。［p.15 スマトラガマグチヨタカ］❹太いラインは斜めのサテンSで。［p.18 アムールトラ］❺ストレートS1本では細い場合、並べて2本刺す。［p.18 キーウィ］❻オープンレゼーデージーSは丸い形にも最適。［p.23 ジャガー］❼ベースのステッチと異なる方向の模様は、ベースの糸を割らずに刺すと乱れない。［p.26 ニホンリス］❽足や模様などのカーブはオープンレゼーデージーSが便利。［p.26 キジバト］❾後から加える毛はサテンSを割るように刺すと馴染む。［p.27 トキ］

⓾ストレートSを重ねて立体的に。[p.27 ニホンザル] ⑪ベースのSにアウトラインSを添わせて刺すと模様が馴染む。[p.27 ニホンヤマネ] ⑫サテンSに線を加えると影のように見え立体的に。[p.29 オオウミウマ] ⑬バックSの上にレゼーデージーSを刺して凹凸を出す。[p.29 バイカナマコ] ⑭チェーンSは最初の目に針を入れると輪がつながる。[p.30 タイヨウホウサンチュウ] ⑮サテンSの向きは毛並みを意識。顔は写真のような横方向よりP.32のような放射状がかわいい。[p.32 ラッコ] ⑯交互になる色は針を休めつつ同時に刺す／ヒトデのような星形は分割して刺すとよい。[p.33 ワカメ／ヒトデ] ⑰短いストレートSでフワフワした毛が表現できる。[p.39 ニホンミツバチ]

EMBROIDERY
PATTERNS

p.58 からの実物大図案の表記は下の通りで、図中の数字で
単位がないものはすべて cm（センチメートル）です。

表記について

413 ① フレンチ × 1 回
　❶　　　❷　　　❸

❶ DMC 25番刺繍糸の色番号と本数
（一部 DMC ETOILE エトワールを使用）
・丸数字は糸の本数です。
　記載がないものは、すべて2本取りで刺す。
・BL は BLANC（白）の略です。

❷ ステッチ名
サテン S はステッチ名の表記なし、
それ以外は S（ステッチ）を省略、
または以下のように記載。
・オープンレゼーデージー S … オープンレゼー
・フレンチノット S … フレンチ
・レゼーデージー S … レゼー

❸ 糸を巻く回数

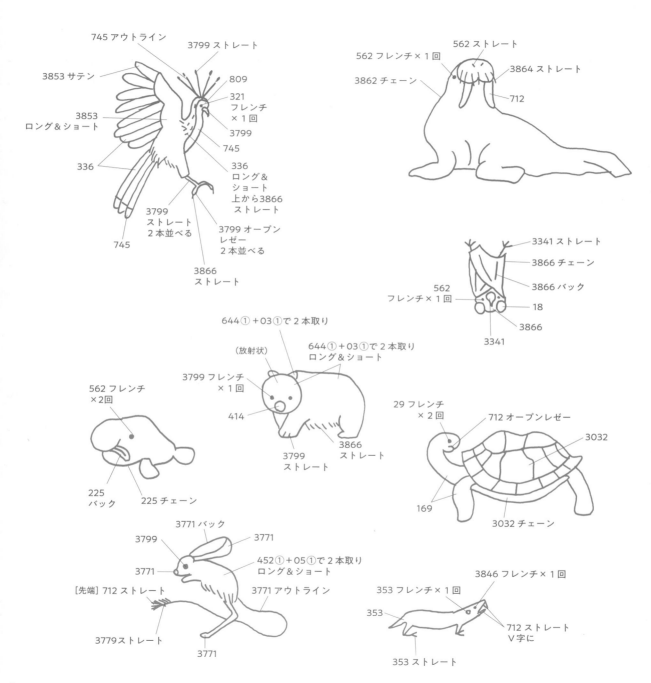

745 アウトライン

3799 ストレート

3853 サテン

3853
ロング＆ショート

336

745

809

321
フレンチ
×1回

3799

745

336
ロング＆
ショート
上から3866
ストレート

3799
ストレート
2本並べる

3799 オープン
レゼー
2本並べる

3866
ストレート

562 フレンチ×1回

562 ストレート

3862 チェーン

3864 ストレート

712

3341 ストレート

3866 チェーン

3866 バック

562
フレンチ×1回

18

3866

3341

644①＋03①で2本取り

（放射状）

644①＋03①で2本取り
ロング＆ショート

3799 フレンチ
×1回

414

3799
ストレート

3866
ストレート

562 フレンチ
×2回

225
バック

225 チェーン

29 フレンチ
×2回

712 オープンレゼー

3032

169

3032 チェーン

3771 バック

3799

3771

3771

452①＋05①で2本取り
ロング＆ショート

[先端] 712 ストレート

3771 アウトライン

3779 ストレート

3771

3846 フレンチ×1回

353 フレンチ×1回

353

712 ストレート
V字に

353 ストレート

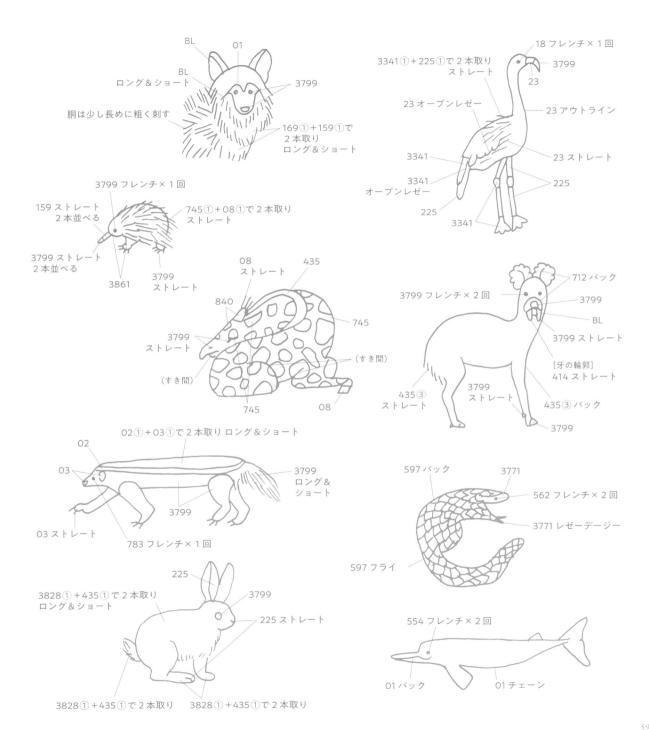

BL
01
BL
ロング＆ショート
3799
胴は少し長めに粗く刺す
169①＋159①で
2 本取り
ロング＆ショート

18 フレンチ×1 回
3341①＋225①で 2 本取り
ストレート
3799
23
23 オープンレゼー
23 アウトライン
23 ストレート
3341
3341
オープンレゼー
225
225
225
3341

3799 フレンチ×1 回
159 ストレート
2 本並べる
745①＋08①で 2 本取り
ストレート
3799 ストレート
2 本並べる
3861
3799
ストレート

08
ストレート
435
840
745
3799
ストレート
（すき間）
（すき間）
745
08

712 バック
3799 フレンチ×2 回
3799
BL
3799 ストレート
[牙の輪郭]
414 ストレート
435③ バック
435③
ストレート
3799
ストレート
3799

02①＋03①で 2 本取り ロング＆ショート
02
03
3799
ロング＆
ショート
3799
03 ストレート
783 フレンチ×1 回

597 バック
3771
562 フレンチ×2 回
3771 レゼーデージー
597 フライ

225
3828①＋435①で 2 本取り
ロング＆ショート
3799
225 ストレート
3828①＋435①で 2 本取り
3828①＋435①で 2 本取り

554 フレンチ×2 回
01 バック
01 チェーン

熱く乾いた大地 SAVANNAH 《 p.16 - 17 》

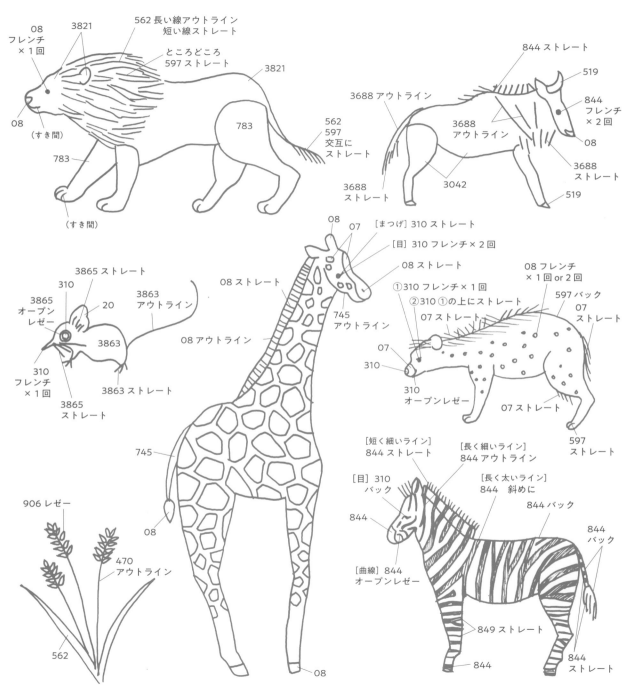

08
フレンチ
×1回

3821

562 長い線 アウトライン
短い線 ストレート

ところどころ
597 ストレート

3821

08

（すき間）

783

（すき間）

562
597
交互に
ストレート

783

844 ストレート

519

3688 アウトライン

844
フレンチ
×2回

3688
アウトライン

08

3688
ストレート

3042

519

3688
ストレート

3865 ストレート

310

3865
オープン
レゼー

20

3863
アウトライン

3863

310
フレンチ
×1回

3863 ストレート

3865
ストレート

08 ストレート

08 アウトライン

745

08

08

07

［まつげ］310 ストレート

［目］310 フレンチ×2回

08 ストレート

①310 フレンチ×1回
②310 ①の上にストレート

07 ストレート

07

310

310
オープンレゼー

745
アウトライン

08 フレンチ
×1回 or 2回

597 バック

07
ストレート

07 ストレート

597
ストレート

［短く細いライン］
844 ストレート

［長く細いライン］
844 アウトライン

906 レゼー

470
アウトライン

562

［目］310
バック

844

［曲線］844
オープンレゼー

［長く太いライン］
844 斜めに

844 バック

844
バック

849 ストレート

844

844
ストレート

60

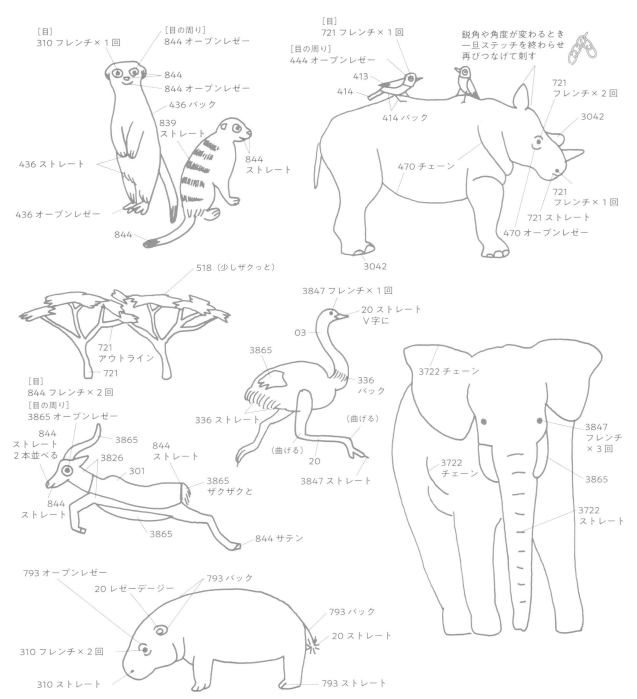

[目]
310 フレンチ× 1 回

[目の周り]
844 オープンレゼー

844

844 オープンレゼー

436 バック

839
ストレート

436 ストレート

844
ストレート

436 オープンレゼー

844

[目]
721 フレンチ× 1 回

[目の周り]
444 オープンレゼー

413

414

414 バック

鋭角や角度が変わるとき
一旦ステッチを終わらせ
再びつなげて刺す

721
フレンチ× 2 回

3042

470 チェーン

721
フレンチ× 1 回

721 ストレート

470 オープンレゼー

3042

518（少しザクっと）

721
アウトライン

721

3847 フレンチ× 1 回

20 ストレート
V 字に

03

3865

336
バック

336 ストレート

（曲げる）

（曲げる）

20

3847 ストレート

3722 チェーン

3847
フレンチ
× 3 回

3865

3722
チェーン

3722
ストレート

[目]
844 フレンチ× 2 回

[目の周り]
3865 オープンレゼー

844
ストレート
2 本並べる

3865

3826

301

844
ストレート

3865
ザクザクと

844
ストレート

3865

844 サテン

793 オープンレゼー

20 レゼーデージー

793 バック

793 バック

20 ストレート

310 フレンチ× 2 回

310 ストレート

793 ストレート

61

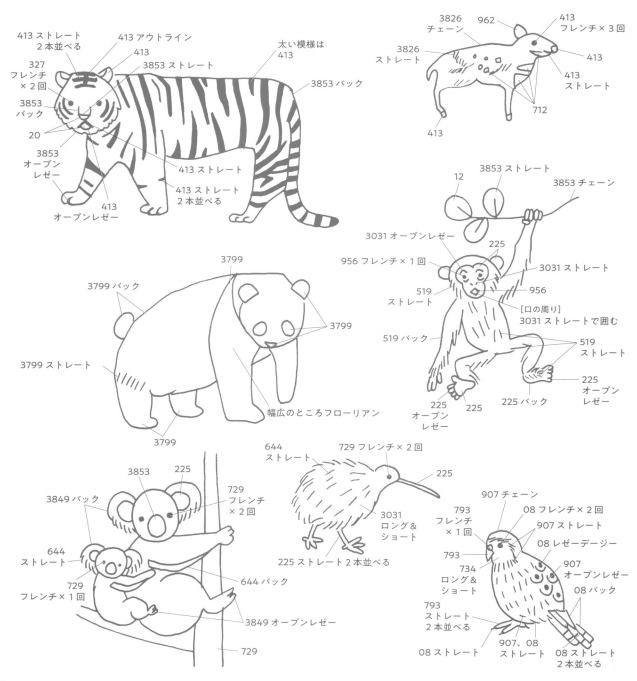

413 ストレート
2本並べる

413 アウトライン

413

3853 ストレート

太い模様は
413

3853 バック

327
フレンチ
×2回

3853
バック

20

3853
オープン
レゼー

413
オープンレゼー

413 ストレート

413 ストレート
2本並べる

3826
チェーン

962

413
フレンチ×3回

3826
ストレート

413

413
ストレート

712

413

3799 バック

3799

3799

3799 ストレート

幅広のところフローリアン

3799

12

3853 ストレート

3853 チェーン

3031 オープンレゼー

225

956 フレンチ×1回

3031 ストレート

519
ストレート

956

519 バック

[口の周り]
3031 ストレートで囲む

519
ストレート

225
オープン
レゼー

225
オープン
レゼー

225

225 バック

3853

225

3849 バック

729
フレンチ
×2回

644
ストレート

729 フレンチ×2回

225

907 チェーン

08 フレンチ×2回

793
フレンチ
×1回

907 ストレート

3031
ロング＆
ショート

793

08 レゼーデージー

644
ストレート

734
ロング＆
ショート

907
オープンレゼー

729
フレンチ×1回

644 バック

225 ストレート 2本並べる

08 バック

3849 オープンレゼー

793
ストレート
2本並べる

729

08 ストレート

907、08
ストレート

08 ストレート
2本並べる

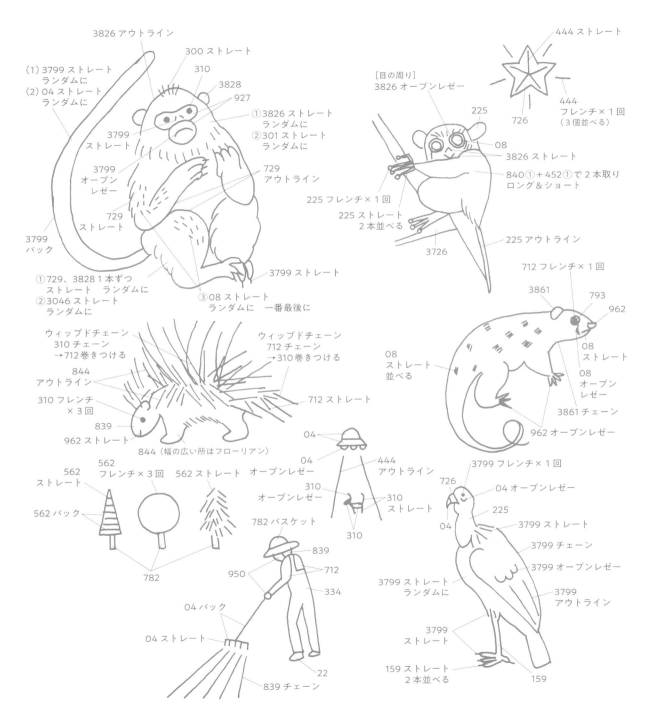

3826 アウトライン

300 ストレート

(1) 3799 ストレート
ランダムに
(2) 04 ストレート
ランダムに

310

3828

927

①3826 ストレート
ランダムに
②301 ストレート
ランダムに

3799
ストレート

3799
オープン
レゼー

729
アウトライン

729
ストレート

3799
バック

①729、3828 1 本ずつ
ストレート　ランダムに
②3046 ストレート
ランダムに

3799 ストレート

③08 ストレート
ランダムに　一番最後に

[目の周り]
3826 オープンレゼー

444 ストレート

225

726

444
フレンチ×1回
（3個並べる）

08

3826 ストレート

840①＋452①で 2 本取り
ロング＆ショート

225 フレンチ×1回

225 ストレート
2 本並べる

3726

225 アウトライン

712 フレンチ×1回

3861

793

962

08
ストレート

08
オープン
レゼー

3861 チェーン

962 オープンレゼー

08
ストレート
並べる

ウィップドチェーン
310 チェーン
→712 巻きつける

ウィップドチェーン
712 チェーン
→310 巻きつける

844
アウトライン

712 ストレート

310 フレンチ
×3回

839

962 ストレート

844（幅の広い所はフローリアン）

04

04
オープンレゼー

444
アウトライン

310
オープンレゼー

310
ストレート

310

3799 フレンチ×1回

726

04 オープンレゼー

225

04

3799 ストレート

3799 チェーン

3799 オープンレゼー

3799 ストレート
ランダムに

3799
アウトライン

562
ストレート

562
フレンチ×3回

562 ストレート

562 バック

782 バスケット

782

839

950

712

334

04 バック

04 ストレート

22

839 チェーン

3799
ストレート

159 ストレート
2 本並べる

159

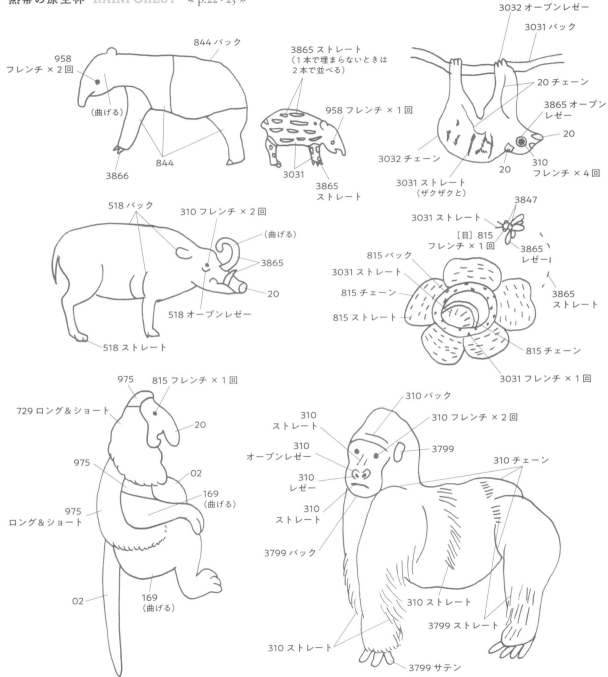

熱帯の原生林 RAINFOREST ≪ p.22 - 23 ≫

958
フレンチ × 2 回

844 バック

（曲げる）

3866

844

3865 ストレート
（1 本で埋まらないときは
2 本で並べる）

958 フレンチ × 1 回

3031

3865
ストレート

3032 オープンレゼー

3031 バック

20 チェーン

3865 オープン
レゼー

20

310
フレンチ × 4 回

20

3032 チェーン

3031 ストレート
（ザクザクと）

518 バック

310 フレンチ × 2 回

（曲げる）

3865

20

518 オープンレゼー

518 ストレート

3847

3031 ストレート

［目］815
フレンチ × 1 回

3865
レゼー

3865
ストレート

815 バック

3031 ストレート

815 チェーン

815 ストレート

815 チェーン

3031 フレンチ × 1 回

975

815 フレンチ × 1 回

729 ロング＆ショート

20

975

02

975
ロング＆ショート

169
（曲げる）

02

169
（曲げる）

310 バック

310
ストレート

310 フレンチ × 2 回

310
オープンレゼー

3799

310 チェーン

310
レゼー

310
ストレート

3799 バック

310 ストレート

3799 ストレート

310 ストレート

3799 サテン

64

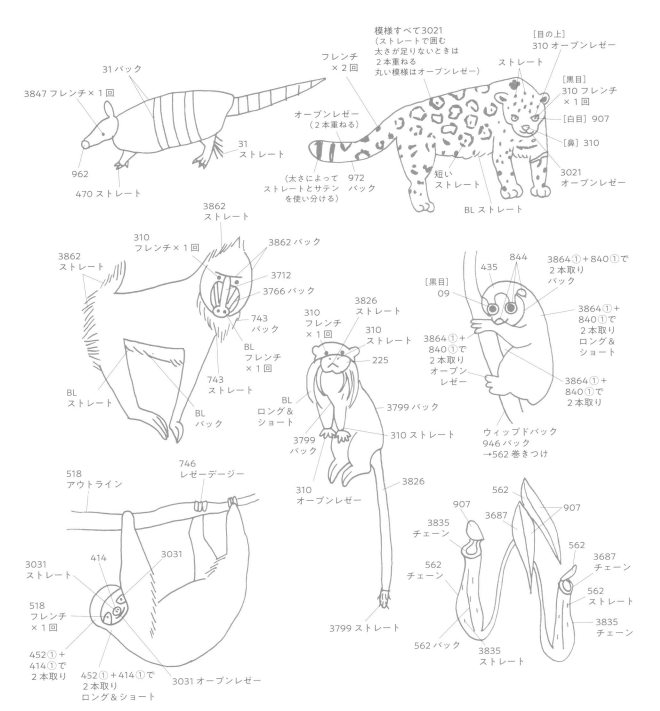

31 バック

3847 フレンチ×1回

962

470 ストレート

フレンチ×2回

オープンレゼー
（2本重ねる）

（太さによって
ストレートとサテン
を使い分ける）

972
バック

31
ストレート

模様すべて3021
（ストレートで囲む
太さが足りないときは
2本重ねる
丸い模様はオープンレゼー）

ストレート

[目の上]
310 オープンレゼー

[黒目]
310 フレンチ
×1回

[白目] 907

[鼻] 310

短い
ストレート

BL ストレート

3021
オープンレゼー

3862
ストレート

3862 バック

310
フレンチ×1回

3712

3766 バック

3862
ストレート

743
バック

BL
フレンチ
×1回

743
ストレート

BL
ストレート

BL
バック

310
フレンチ
×1回

310
ストレート

3826
ストレート

225

3799 バック

310 ストレート

BL
ロング＆
ショート

3799
バック

310
オープンレゼー

3826

3799 ストレート

[黒目]
09

435

844

3864①＋840①で
2本取り
バック

3864①＋
840①で
2本取り
ロング＆
ショート

3864①＋
840①で
2本取り
オープン
レゼー

3864①＋
840①で
2本取り

ウィップドバック
946 バック
→562 巻きつけ

518
アウトライン

746
レゼーデージー

3031
ストレート

414

3031

518
フレンチ
×1回

452①＋
414①で
2本取り

452①＋414①で
2本取り
ロング＆ショート

3031 オープンレゼー

562

907

907

3835
チェーン

3687

562

562
チェーン

3687
チェーン

562
ストレート

562 バック

3835
ストレート

3835
チェーン

〔時計の材料〕
表布 21×21cm
裏布 20×20cm
土台用厚紙 35×35cm
市販のクラフトクロックのムーブメント
手縫い糸、手芸用ボンド各適宜

時計の仕立て方

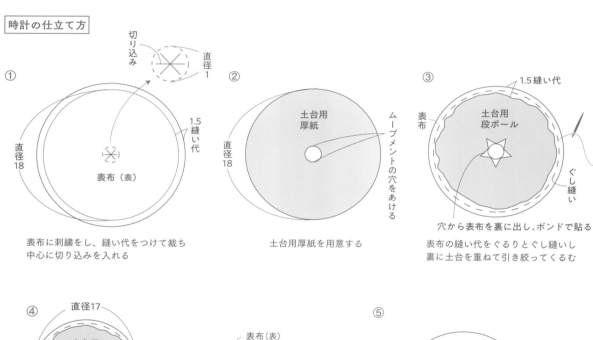

①
表布に刺繍をし、縫い代をつけて裁ち
中心に切り込みを入れる

②
土台用厚紙を用意する

③
穴から表布を裏に出し、ボンドで貼る
表布の縫い代をぐるりとぐし縫いし
裏に土台を重ねて引き絞ってくるむ

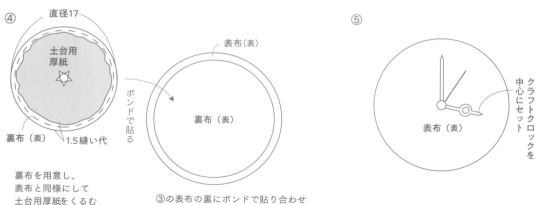

④
裏布を用意し、
表布と同様にして
土台用厚紙をくるむ

③の表布の裏にボンドで貼り合わせ
しっかり接着するまで重しをのせる

⑤
クラフトクロックを中心にセット

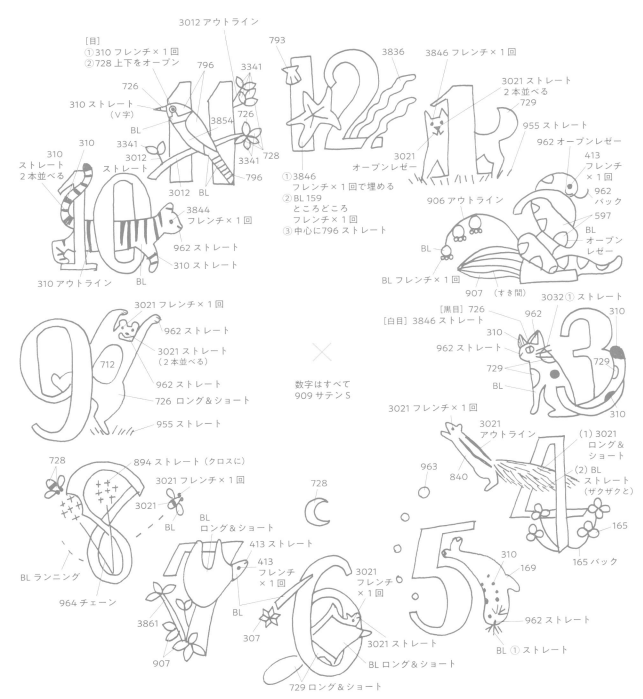

[目]
①310 フレンチ×1回
②728 上下をオープン

3012 アウトライン

796

3341

726

310 ストレート
（V字）

BL

3854

726

310
ストレート
2本並べる

310

3341

3012
ストレート

3012　BL

728

3341

796

3844
フレンチ×1回

962 ストレート

310 ストレート

310 アウトライン

BL

793

3836

3846 フレンチ×1回

①3846
フレンチ×1回で埋める
②BL 159
ところどころ
フレンチ×1回
③中心に796 ストレート

3021 ストレート
2本並べる

729

955 ストレート

962 オープンレゼー

413
フレンチ
×1回

962
バック

3021
オープンレゼー

906 アウトライン

597

BL
オープン
レゼー

BL

BL フレンチ×1回

907　（すき間）

[黒目] 726
[白目] 3846 ストレート

962

3032 ① ストレート

310

310

962 ストレート

729

729

BL

310

3021 フレンチ×1回

962 ストレート

3021 ストレート
（2本並べる）

712

962 ストレート

726 ロング＆ショート

955 ストレート

数字はすべて
909 サテン S

3021 フレンチ×1回

3021
アウトライン

963

840

(1) 3021
ロング＆
ショート

(2) BL
ストレート
（ザクザクと）

728

894 ストレート（クロスに）

3021 フレンチ×1回

3021

BL

728

165

165 バック

BL
ロング＆ショート

413 ストレート

413
フレンチ
×1回

3021
フレンチ
×1回

310

169

BL ランニング

964 チェーン

3861

907

BL

307

BL

3021 ストレート

BL ロング＆ショート

729 ロング＆ショート

962 ストレート

BL ① ストレート

67

日本の里山 JAPANESE ANIMALS ≪ p.26 - 27 ≫

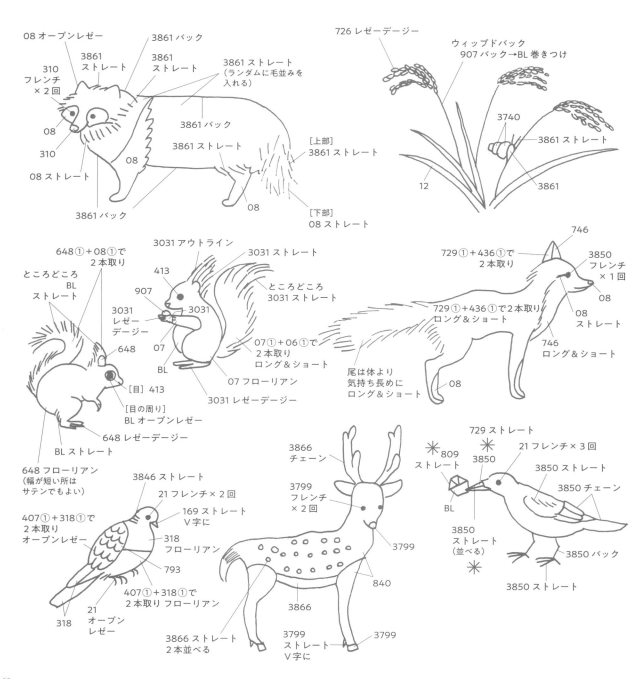

08 オープンレゼー

3861 バック

3861 ストレート

3861 ストレート

3861 ストレート
（ランダムに毛並みを入れる）

310 フレンチ×2回

3861 ストレート

3861 バック

08

310

3861 ストレート

［上部］3861 ストレート

08 ストレート

08

［下部］08 ストレート

3861 バック

08

726 レゼーデージー

ウィップドバック 907 バック→BL 巻きつけ

3740

3861 ストレート

12

3861

648①＋08①で 2本取り

ところどころ BL ストレート

3031 アウトライン

3031 ストレート

413

ところどころ 3031 ストレート

907

3031 レゼーデージー

3031

648

07

BL

07①＋06①で 2本取り ロング＆ショート

07 フローリアン

3031 レゼーデージー

［目］413

［目の周り］BL オープンレゼー

648 レゼーデージー

BL ストレート

648 フローリアン（幅が短い所はサテンでもよい）

3846 ストレート

21 フレンチ×2回

169 ストレート V字に

318 フローリアン

793

407①＋318①で 2本取り オープンレゼー

407①＋318①で 2本取り フローリアン

318

21 オープンレゼー

729①＋436①で 2本取り

746

3850 フレンチ×1回

08

729①＋436①で2本取り ロング＆ショート

08 ストレート

746 ロング＆ショート

尾は体より 気持ち長めに ロング＆ショート

08

3866 チェーン

3799 フレンチ×2回

3799

840

3866

3866 ストレート 2本並べる

3799 ストレート V字に

3799

729 ストレート

809 ストレート

3850

21 フレンチ×3回

3850 ストレート

3850 チェーン

BL

3850 ストレート（並べる）

3850 バック

3850 ストレート

993

562 バック

300 ロング＆ショート

3829 バック

3829 ストレート

3829
ロング＆
ショート

3032

3799 フレンチ×2回

3799 ストレート

840①＋3862①で
2本取り
ロング＆ショート

3799
フレンチ
×1回

3328

225
ロング＆ショート

3861

746 ストレート

3861

225
オープンレゼー

225 ストレート

840①＋3862①で
2本取り

310 アウトライン

3799

310 ストレート

04

3865

04
アウト
ライン

04
ストレート
V字に

310 ストレート
V字に

04

3799 フレンチ×1回

22

3799

23
アウトライン

23

22

23
フローリアン

23
オープンレゼー

22 チェーン

225 ストレート
2本並べる

3864①＋06①で
2本取り

310

225 レゼーデージー

3865
ロング＆ショート

3865

225
レゼーデージー

225

3864①＋06①で
2本取り
ロング＆ショート

891 ロング＆ショート

［上］340
［下］3746
ロング＆ショート

726

3032
ロング＆ショート

746

21
ロング＆
ショート

839 ストレート

839
チェーン

340

746

3865

3021①＋07①で
2本取り
（長短つける）

3021 アウトライン

962

310

3021
ストレート

746 アウトライン

962 ストレート

3032①＋07①で2本取り

962 ストレート

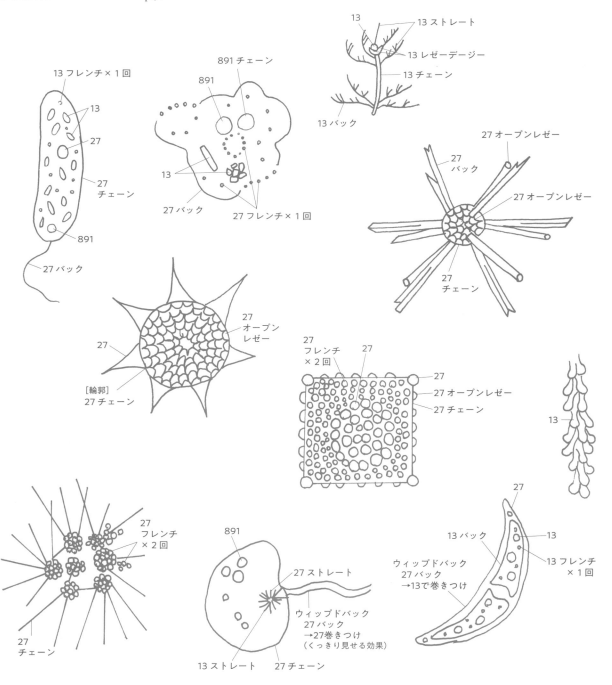

13 フレンチ×1回

13

27

27 チェーン

891

27 バック

891 チェーン

891

13

27 バック

27 フレンチ×1回

13

13 ストレート

13 レゼーデージー

13 チェーン

13 バック

27 オープンレゼー

27 バック

27 オープンレゼー

27 チェーン

27

オープン
レゼー

27

[輪郭]
27 チェーン

27
フレンチ
×2回

27

27

27 オープンレゼー

27 チェーン

13

27
フレンチ
×2回

27
チェーン

891

27 ストレート

ウィップドバック
27 バック
→27 巻きつけ
（くっきり見せる効果）

13 ストレート

27 チェーン

27

13 バック

13

13 フレンチ
×1回

ウィップドバック
27 バック
→13 で巻きつけ

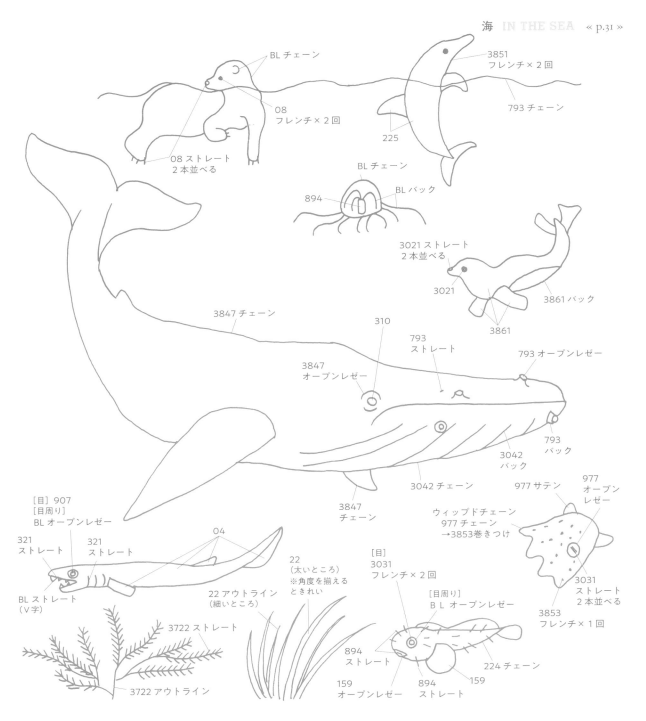

BL チェーン

3851
フレンチ×2回

793 チェーン

08
フレンチ×2回

225

08 ストレート
2本並べる

BL チェーン

894

BL バック

3021 ストレート
2本並べる

3021

3861 バック

3861

3847 チェーン

310

793
ストレート

793 オープンレゼー

3847
オープンレゼー

793
バック

3042
バック

977 サテン

977
オープン
レゼー

3042 チェーン

ウィップドチェーン
977 チェーン
→3853巻きつけ

3847
チェーン

3031
ストレート
2本並べる

[目] 907
[目周り]
BL オープンレゼー

04

[目]
3031
フレンチ×2回

3853
フレンチ×1回

321
ストレート

321
ストレート

22
(太いところ)
※角度を揃える
ときれい

[目周り]
B L オープンレゼー

BL ストレート
(V字)

22 アウトライン
(細いところ)

224 チェーン

3722 ストレート

894
ストレート

894
ストレート

159

3722 アウトライン

159
オープンレゼー

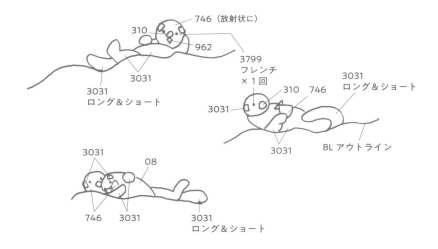

746（放射状に）

310

962

3031

3031
ロング＆ショート

3799
フレンチ
×1回

310 746

3031

3031

3031
ロング＆ショート

BL アウトライン

3031

08

746 3031

3031
ロング＆ショート

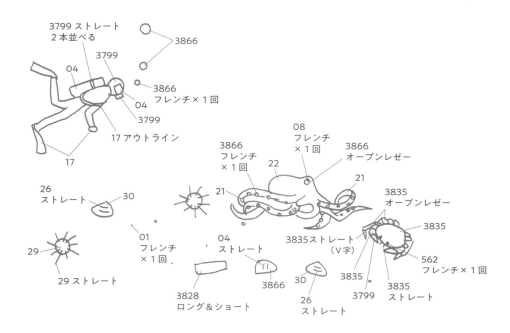

3799 ストレート
2本並べる

3799

04

3866

3866

3866
フレンチ×1回

04

3799

17 アウトライン

17

08
フレンチ
×1回

3866
フレンチ
×1回

3866
オープンレゼー

22

21

21

3835
オープンレゼー

26
ストレート

30

3835ストレート
（V字）

3835

29

01
フレンチ
×1回

04
ストレート

3835
ストレート

3799

3835

562
フレンチ×1回

29 ストレート

3828
ロング＆ショート

3866

30

26
ストレート

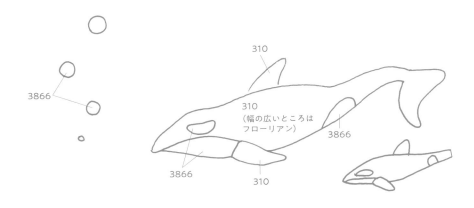

3866

310

310
（幅の広いところは
フローリアン）

3866

3866

310

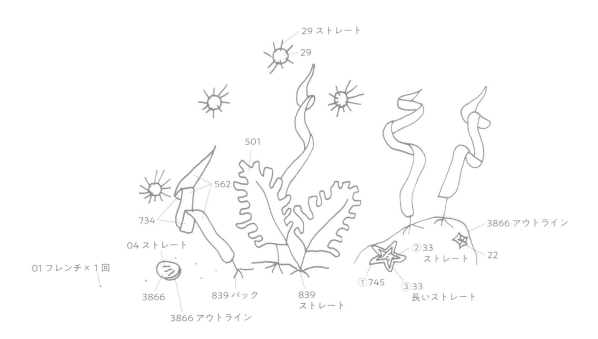

29 ストレート

29

501

562

734

04 ストレート

01 フレンチ×1回

3866

3866 アウトライン

839 バック

839
ストレート

3866 アウトライン

②33
ストレート

22

①745

③33
長いストレート

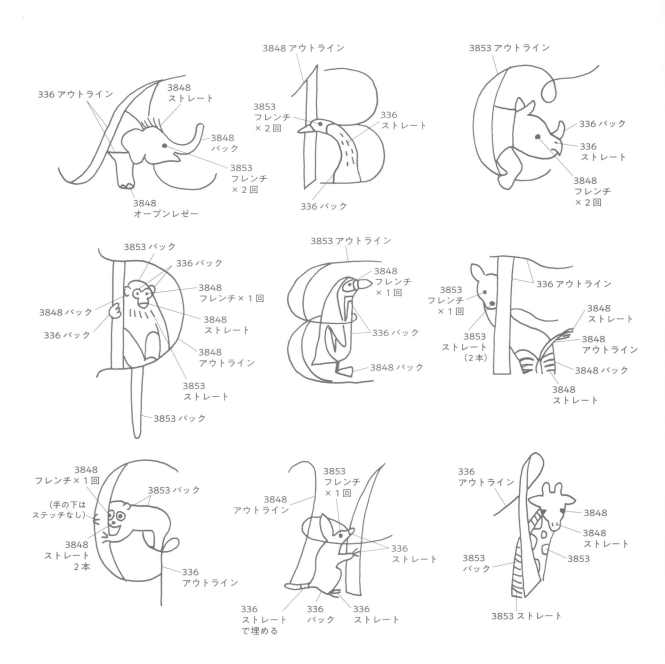

336 アウトライン

3848
ストレート

3848
バック

3853
フレンチ
×2回

3848
オープンレゼー

3848 アウトライン

3853
フレンチ
×2回

336
ストレート

336 バック

3853 アウトライン

336 バック

336
ストレート

3848
フレンチ
×2回

3853 バック

336 バック

3848
フレンチ×1回

3848 バック

3848
ストレート

336 バック

3848
アウトライン

3853
ストレート

3853 バック

3853 アウトライン

3848
フレンチ
×1回

336 バック

3848 バック

336 アウトライン

3853
フレンチ
×1回

3853
ストレート
（2本）

3848
ストレート

3848
アウトライン

3848 バック

3848
ストレート

3848
フレンチ×1回

3853 バック

（手の下は
ステッチなし）

3848
ストレート
2本

336
アウトライン

3853
フレンチ
×1回

3848
アウトライン

336
ストレート

336
ストレート
で埋める

336
バック

336
ストレート

336
アウトライン

3848

3848
ストレート

3853

3853
バック

3853 ストレート

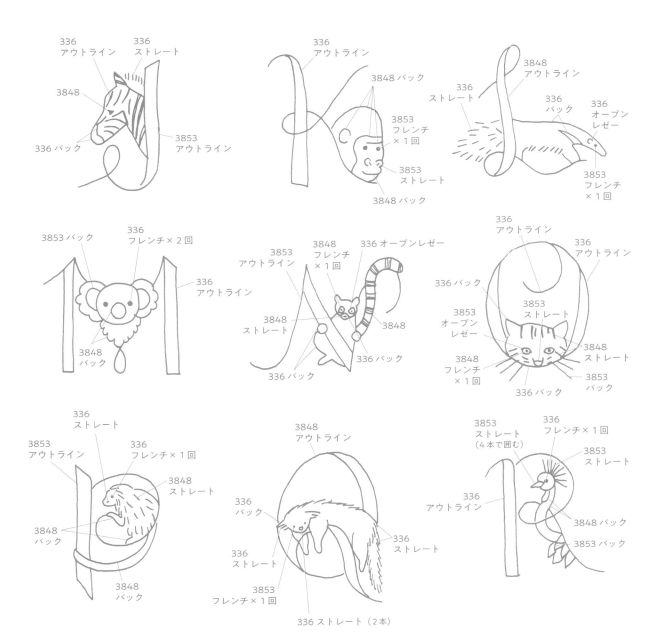

336
アウトライン

336
ストレート

3848

336 バック

3853
アウトライン

336
アウトライン

3848 バック

3853
フレンチ
×1回

3853
ストレート

3848 バック

3848
アウトライン

336
ストレート

336
バック

336
オープン
レゼー

3853
フレンチ
×1回

3853 バック

336
フレンチ×2回

336
アウトライン

3848
バック

3853
アウトライン

3848
フレンチ
×1回

336 オープンレゼー

3848
ストレート

3848

336 バック

336 バック

336
アウトライン

336
アウトライン

336 バック

3853
ストレート

3853
オープン
レゼー

3848
フレンチ
×1回

3848
ストレート

3853
バック

336 バック

336
ストレート

3853
アウトライン

336
フレンチ×1回

3848
ストレート

3848
バック

3848
バック

3848
アウトライン

336
バック

336
ストレート

336
ストレート

3853
フレンチ×1回

336 ストレート（2本）

3853
ストレート
（4本で囲む）

336
フレンチ×1回

3853
ストレート

336
アウトライン

3848 バック

3853 バック

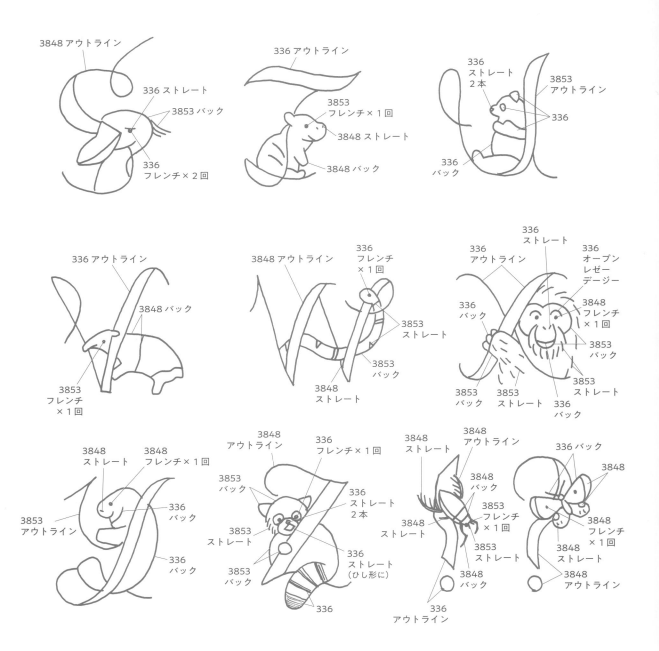

3848 アウトライン
336 ストレート
3853 バック
336 フレンチ×2回

336 アウトライン
3853 フレンチ×1回
3848 ストレート
3848 バック

336 ストレート 2本
3853 アウトライン
336
336 バック

336 アウトライン
3848 バック
3853 フレンチ×1回

3848 アウトライン
336 フレンチ×1回
3853 ストレート
3853 バック
3848 ストレート

336 ストレート
336 オープン レゼー デージー
336 アウトライン
336 バック
3848 フレンチ×1回
3853 バック
3853 バック
3853 ストレート
336 バック
3853 ストレート

3848 ストレート
3848 フレンチ×1回
3853 アウトライン
336 バック
336 バック

3848 アウトライン
336 フレンチ×1回
3853 バック
336 ストレート 2本
3853 ストレート
336 ストレート（ひし形に）
3853 バック
336

3848 ストレート
3848 アウトライン
3848 バック
3853 フレンチ×1回
3848 ストレート
3853 ストレート
3848 バック
336 アウトライン

336 バック
3848
3848 フレンチ×1回
3848 ストレート
3848 アウトライン

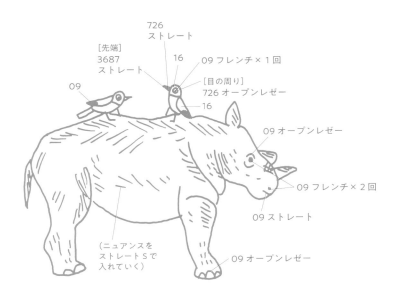

726
ストレート

[先端]
3687
ストレート

16

09 フレンチ × 1 回

[目の周り]
726 オープンレゼー

09

16

09 オープンレゼー

09 フレンチ × 2 回

09 ストレート

(ニュアンスを
ストレート S で
入れていく)

09 オープンレゼー

鳥、サイ共に輪郭は 09 バック S

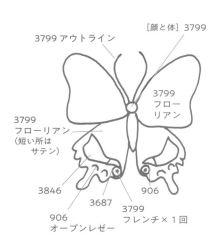

3799 アウトライン

[顔と体] 3799

3799
フロー
リアン

3799
フローリアン
（短い所は
サテン）

3846

3687

906

906
オープンレゼー

3799
フレンチ×1回

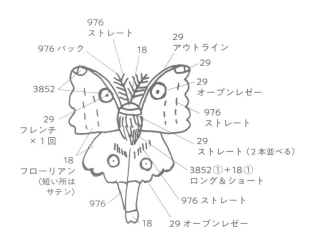

976
ストレート

976 バック

18

29
アウトライン

29

29
オープンレゼー

3852

29
フレンチ
×1回

976
ストレート

29
ストレート（2本並べる）

3852①＋18①
ロング＆ショート

18
フローリアン
（短い所は
サテン）

976

976 ストレート

18

29 オープンレゼー

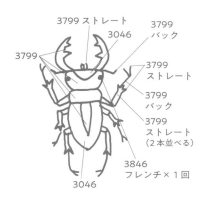

3799 ストレート

3046

3799
バック

3799

3799
ストレート

3799
バック

3799
ストレート
（2本並べる）

3846
フレンチ×1回

3046

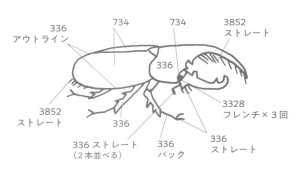

336
アウトライン

734

734

3852
ストレート

336

3328
フレンチ×3回

3852
ストレート

336

336 ストレート
（2本並べる）

336
バック

336
ストレート

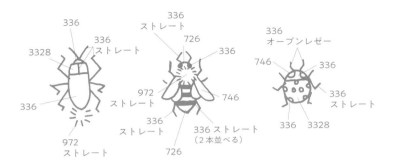

336
3328
336
ストレート
336
336
ストレート
972
ストレート
972
ストレート

336
ストレート
726
336
972
ストレート
746
336
ストレート
726
336 ストレート
（2本並べる）

336
オープンレゼー
746
336
336
ストレート
336
3328

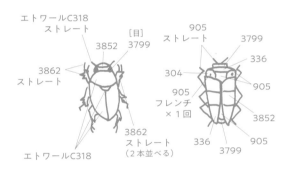

エトワールC318
ストレート
3852
[目]
3799
3862
ストレート
エトワールC318
3862
ストレート
（2本並べる）

905
ストレート
3799
336
304
905
905
フレンチ
×1回
3852
336
905
3799

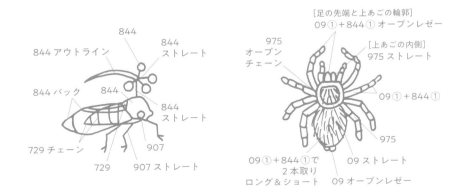

844
844 アウトライン
844
ストレート
844 バック
844
844
ストレート
729 チェーン
729
907
907 ストレート

[足の先端と上あごの輪郭]
09①＋844① オープンレゼー
975
オープン
チェーン
[上あごの内側]
975 ストレート
09①＋844①
975
09①＋844①で
2本取り
ロング＆ショート
09 ストレート
09 オープンレゼー

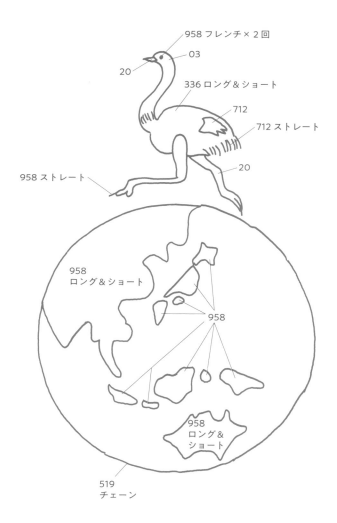

958 フレンチ × 2 回

03

20

336 ロング & ショート

712

712 ストレート

20

958 ストレート

958
ロング & ショート

958

958
ロング &
ショート

519
チェーン

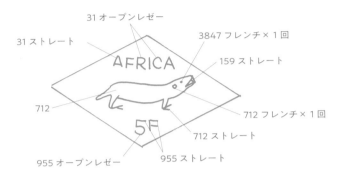

31 オープンレゼー

31 ストレート

3847 フレンチ × 1 回

159 ストレート

AFRICA

712

712 フレンチ × 1 回

5F

712 ストレート

955 オープンレゼー

955 ストレート

布端はピンキングばさみでカットする

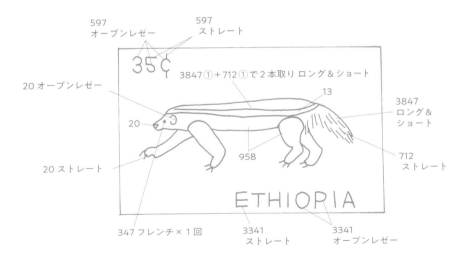

597 オープンレゼー

597 ストレート

35¢

3847① + 712① で 2 本取り ロング & ショート

20 オープンレゼー

13

3847 ロング & ショート

20

958

712 ストレート

20 ストレート

ETHIOPIA

347 フレンチ × 1 回

3341 ストレート

3341 オープンレゼー

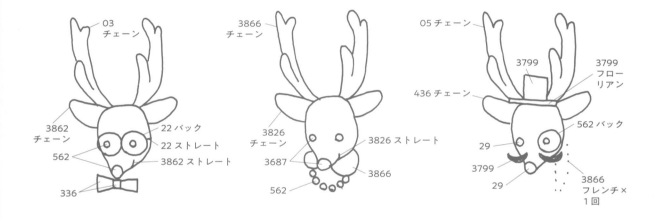

03
チェーン

3862
チェーン

562

336

22 バック
22 ストレート
3862 ストレート

3866
チェーン

3826
チェーン

3687

562

3826 ストレート

3866

05 チェーン

3799

436 チェーン

29

3799

29

3799
フロー
リアン

562 バック

3866
フレンチ×
1 回

977
フレンチ×１回
（３個並べる）

725

977
ストレート

336①＋159①
ロング＆ショート

159

336 ロング＆ショート

3848 バック

3848

22
フレンチ×１回

159 オープンレゼー

159

336 バック

336

336
フレンチ
×１回

336 ストレート

729 ストレート
（放射放射状に）

712

725

336

159
ストレート

3848
（長いところ
フロー
リアン）

20

20
ストレート

や　ま　お

2021.5.22

3836

977
ロング＆
ショート

336
オープンレゼー

977

3848

977
ストレート

3836 バック

3848
フレンチ×２回

336
フレンチ×１回

336 ストレート

20

22

159 チェーン

3687

3687 チェーン

[目] 336 フレンチ×２本
[目の周り] 159 オープンレゼー

793 バック

793
ストレート

22 ストレート

3687 チェーン

22 ストレート

977 レゼーデージー

977

734
チェーン

3836 バック

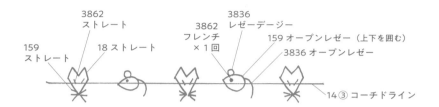

159
ストレート

3862
ストレート

18 ストレート

3862
フレンチ
× 1 回

3836
レゼーデージー

159 オープンレゼー（上下を囲む）

3836 オープンレゼー

14 ③ コーチドライン

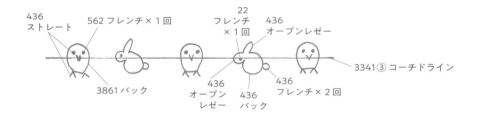

436
ストレート

562 フレンチ× 1 回

22
フレンチ
× 1 回

436
オープンレゼー

3341 ③ コーチドライン

3861 バック

436
オープン
レゼー

436
バック

436
フレンチ× 2 回

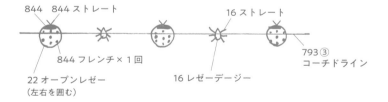

844　844 ストレート

16 ストレート

844 フレンチ× 1 回

793 ③
コーチドライン

22 オープンレゼー
（左右を囲む）

16 レゼーデージー

31 レゼーデージー

989　562

712
（幅が広い所は
フローリアン）

712

3687
レゼー
デージー

712

3743
フレンチ×1回

3743

3848
ストレート

712

3743

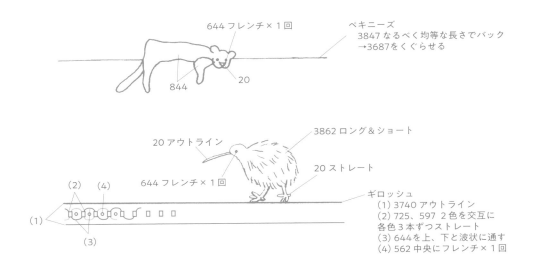

644 フレンチ×1回

ペキニーズ
3847 なるべく均等な長さでバック
→3687をくぐらせる

844

20

3862 ロング＆ショート

20 アウトライン

20 ストレート

644 フレンチ×1回

ギロッシュ
（1）3740 アウトライン
（2）725、597 2色を交互に
各色3本ずつストレート
（3）644を上、下と波状に通す
（4）562 中央にフレンチ×1回

(2)　(4)

(1)

(3)

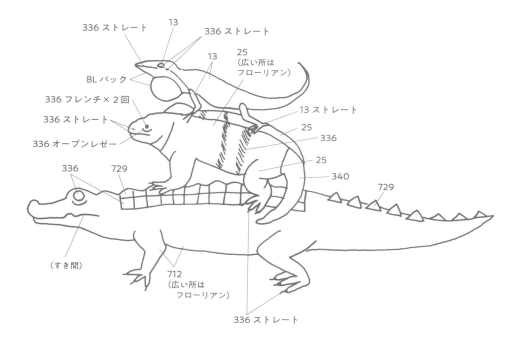

336 ストレート

13

336 ストレート

13

25
（広い所は
フローリアン）

BL バック

13 ストレート

336 フレンチ×2回

25

336

336 ストレート

25

336 オープンレゼー

340

336　　　729

729

（すき間）

712
（広い所は
フローリアン）

336 ストレート

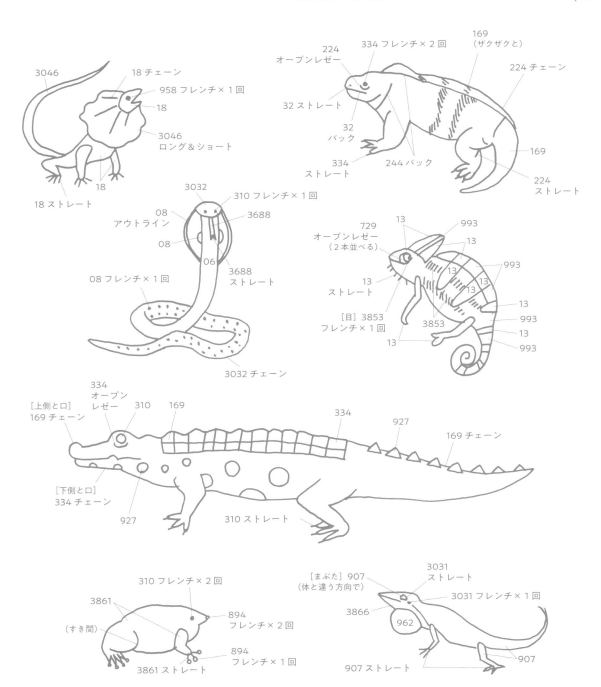

562 ストレート（短い線はすべて）

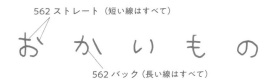

562 バック（長い線はすべて）

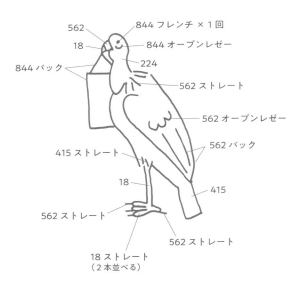

562

844 フレンチ × 1 回

18

844 オープンレゼー

844 バック

224

562 ストレート

562 オープンレゼー

562 バック

415 ストレート

18

415

562 ストレート

562 ストレート

18 ストレート
（2 本並べる）

1 2 3 4 5
6 7 8 9 0
10 11 12 13 14
15 16 17 18 19

短い線はストレートS
長い線はバックSで刺す

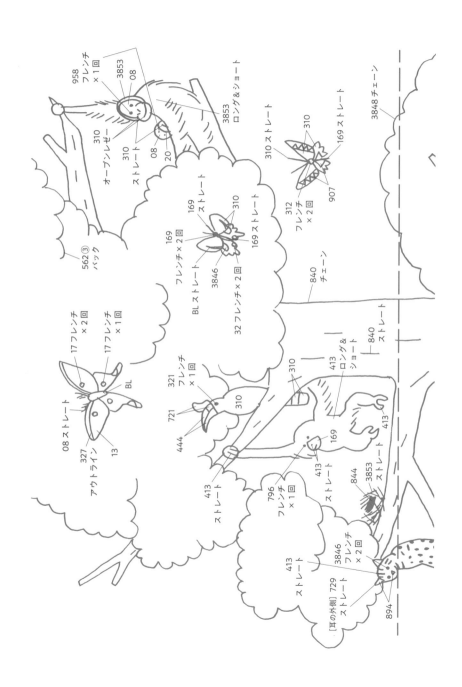

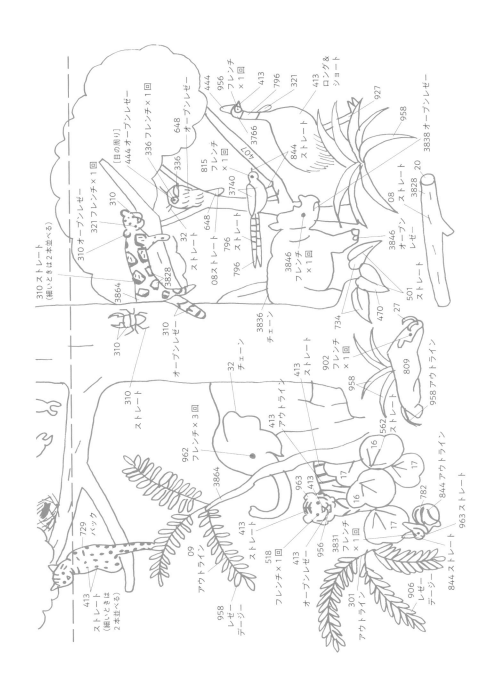

310 ストレート
(細いときは2本並べる)

444オープンレゼー

[目の周り]
444オープンレゼー

336 フレンチ×1回

336

648

321 フレンチ×1回

310オープンレゼー

310

444

956 フレンチ×1回

413

796

321

3766

413 ロンダ&
ショート

815 フレンチ×1回

3740

407

844 ストレート

927

958

3838 オープンレゼー

3828

3864

32 ストレート

648

08 ストレート

796

796 ストレート

3846 フレンチ×1回

3846 オープンレゼー

08

3828

20

501 ストレート

ストレート

310
オープンレゼー

310

3836 チェーン

470

27

809

958 アウトライン

310 ストレート

32 チェーン

413 アウトライン

413 ストレート

902 フレンチ×1回

958

562

962 フレンチ×3回

413 アウトライン

963

413

16

17

17

782

844 アウトライン

729 バック

3864

413 ストレート

16

16

844 ストレート

963 ストレート

413
ストレート
(細いときは
2本並べる)

09 アウトライン

518 フレンチ×1回

956 オープンレゼー

3831 フレンチ×1回

17

906 レゼーデージー

958 レゼーデージー

413 オープンレゼー

301 アウトライン

844 ストレート

サンゴ礁、みんなの家 GREAT CORAL REEF ≪p.29≫

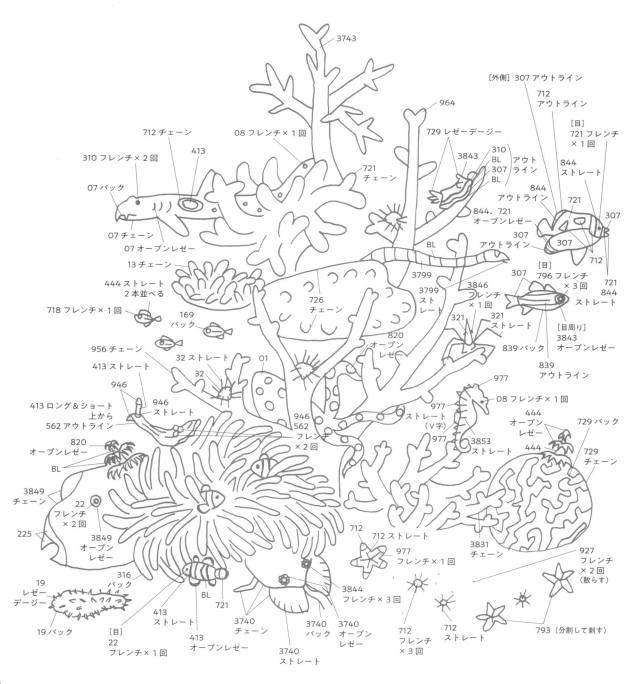

3743

964

[外側] 307 アウトライン

712 アウトライン

[目]
721 フレンチ
×1回

844
ストレート

712 チェーン

08 フレンチ×1回

729 レゼーデージー

310 フレンチ×2回

413

3843

310
BL
307
BL

アウト
ライン

844
アウトライン

07 バック

721
チェーン

844、721
オープンレゼー

721

307

07 チェーン

307
アウトライン

307

07 オープンレゼー

BL

307

712

13 チェーン

3799

[目]
796 フレンチ
×3回

721
844
ストレート

444 ストレート
2本並べる

3799
ストレート

3846
フレンチ
×1回

307

[目周り]
3843
オープンレゼー

718 フレンチ×1回

726
チェーン

839

169
バック

321

321
ストレート

839 バック

956 チェーン

820
オープン
レゼー

977

839
アウトライン

413 ストレート

32 ストレート

01

977
ストレート
(V字)

08 フレンチ×1回

946

32

444
オープン
レゼー

729 バック

413 ロング＆ショート
上から
562 アウトライン

946
ストレート

946
562
フレンチ
×2回

977

3853
ストレート

444

729
チェーン

820
オープンレゼー

3849
チェーン

BL

22
フレンチ
×2回

712

712 ストレート

3831
チェーン

927
フレンチ
×2回
(散らす)

225

3849
オープン
レゼー

977
フレンチ×1回

316
バック

3844
フレンチ×3回

19
レゼー
デージー

413
ストレート

BL

721

3740
チェーン

3740
バック

3740
オープン
レゼー

712
フレンチ
×3回

712
ストレート

793 (分割して刺す)

19 バック

[目]
22
フレンチ×1回

413
オープンレゼー

3740
ストレート

アウトラインS

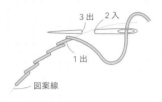

3出　2入
1出
図案線

ウィップ ド チェーンS

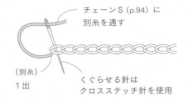

チェーンS（p.94）に
別糸を通す

（別糸）
1出

くぐらせる針は
クロスステッチ針を使用

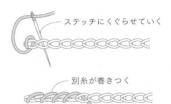

ステッチにくぐらせていく

別糸が巻きつく

ウィップ ド バックS

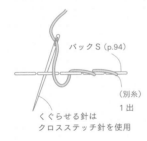

バックS（p.94）

（別糸）
1出

くぐらせる針は
クロスステッチ針を使用

オープン レゼーデージー S

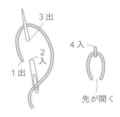

3出
2入
1出

4入

先が開く

どうぶつの表情を作る
オープンレゼーデージーSの刺し方

〈目の表現〉

黒目…フレンチ
ノットS

白目…上下をオープン
レゼーデージー S

〈口の表現〉

〈足の表現〉

足…ストレートS

爪…ストレートS

オープンチェーンS

1出　2入
3出

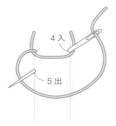

4入
5出

コーチド ラインS

（A糸）
1出 2入

線（ライン）となる糸を渡す

（別糸）
1出

（B糸）
好みのステッチで
A糸をとめる

サテンS

図案線

ストレートS

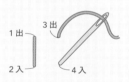

1出
3出
2入
4入

図案線
1出 2入
3出

どうぶつの表情を作るサテンSの刺し方

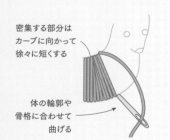

密集する部分は
カーブに向かって
徐々に短くする

体の輪郭や
骨格に合わせて
曲げる

チェーンS

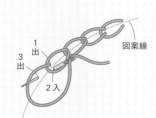

1出
3出
図案線
2入

バックS

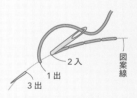

2入
1出
3出
図案線

バスケットS

1出　3出

2入　4入

縦糸を刺し、横糸を交互に
くぐらせる

くぐらせる針は
針先が丸い
クロスステッチ針を
使用

フライS

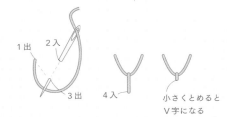

1出　2入

3出

4入

小さくとめると
V字になる

フレンチノットS

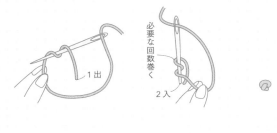

1出

必要な回数巻く

2入

フローリアンS　※偶数本取りで刺す

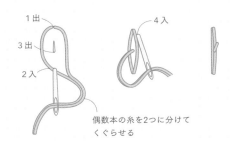

1出

3出

2入

4入

偶数本の糸を2つに分けて
くぐらせる

ランニングS

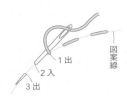

1出

2入

3出

図案線

レゼーデージーS

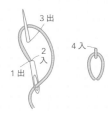

3出

2入

1出

4入

ロング＆ショートS

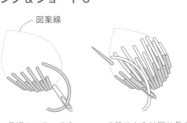

図案線

長短のステッチを
交互に刺す

2段めからは同じ長さで
刺す

刺繍と文

千葉 美波子 *Chiba Minako*

会社員から刺繍家に転身。広告、商品開発、企業コラボのワークショップ等、刺繍にまつわる分野で活動。
初心者向けから難しい技術まで幅広い技法を扱う。様々なモチーフをアルファベットに落とし込んだデ
ザインが得意だが、最近は「ステッチ技法」にフォーカスしたシンプルな楽しみ方も提案している。刺繍
キットも好評。

[オフィシャルサイト] http://kuroyagishiroyagi.com　　[Instagram] @kuroyagishiroyagi

刺繍アシスタント：松尾さやか

《参考書籍》
「生物はなぜ誕生したのか 生命の起源と進化の最新科学」ピーター・ウォード／ジョゼフ・カーシュヴィング（河出文庫）
「動物園から未来を変える ニューヨーク・ブロンクス動物園の展示デザイン」川端裕人・本田公夫（亜紀書房）
「野生動物と共存できるか 保全生態学入門」高槻成紀（岩波ジュニア新書）
「世界の夢の動物園」ナターシャ・ムーザー（エクスナレッジ）
「地球博物学大図鑑」スミソニアン協会監修　ディヴィット・バーニー顧問編集（東京書籍）
「新種の冒険 びっくり生き物の100種の図鑑」クエンティン・ウィーラー＆サラ・ペナク（朝日新聞出版）
「世界一うつくしい昆虫図鑑」クリストファー・マーレー（宝島社）
「原色 海辺の動物」堤敏夫・竹村嘉夫（家の光協会）
「ナショナルジオグラフィック傑作写真ベスト100ワイルドライフ」（日経ナショナルジオグラフィック社）
「動物の心 知性／感情／言葉／社会」（日経ナショナルジオグラフィック社）
「100年後も見たい 動物園で会える絶滅危惧動物」（日経ナショナルジオグラフィック社）
「化石の分子生物学 生命進化の謎を解く」更科巧（講談社現代新書）
「進化のからくり 現代のダーウィンたちの物語」千葉聡（講談社）
「生物の進化大事典」スティーブ・パーカー編（三省堂）
「生物の進化大図鑑」マイケル・J・ベントン他監修（河出書房新社）
「地球動物記」岩合光昭（福音館書店）

刺繍糸提供
ディー・エム・シー株式会社
TEL 03-5296-7831
www.dmc.com

どうぶつのししゅう

著者 千葉 美波子

2021年12月1日　初版第1刷発行

発行者　澤井 聖一

発行所　株式会社エクスナレッジ

〒106-0032 東京都港区六本木7-2-26
https://www.xknowledge.co.jp/

問合わせ先

[編集] TEL 03-3403-6796　FAX 03-3403-0582　info@xknowledge.co.jp
[販売] TEL 03-3403-1321　FAX 03-3403-1829